JULIA FRITZSCHE, geboren 1983 in München, studierte Rechtswissenschaften und arbeitet heute als Journalistin. Für ihr Radiofeature »›Prolls, Assis und Schmarotzer!‹ Warum unsere Gesellschaft die Armen verachtet« (BR) erhielt sie zusammen mit Sebastian Dörfler 2016 den Otto-Brenner-Preis und den Deutschen Sozialpreis. Ihr Radiofeature »Lied vom Ende des Kapitalismus« (BR) wurde 2020 mit dem Andere-Zeiten-Preis ausgezeichnet. 2022 erschien ihr Film »Brauchen wir Wirtschaftswachstum?« (ARTE) und 2023 »Sind wir alle bisexuell?« (ARTE) mit Maria Fedorova. Ihr Buch *Tiefrot und radikal bunt. Für eine neue linke Erzählung* erschien 2019.

JULIA FRITZSCHE

OBEN OHNE

EDITION NAUTILUS

Edition Nautilus GmbH
Schützenstraße 49 a
D-22761 Hamburg
www.edition-nautilus.de

Originalveröffentlichung
Erstausgabe Mai 2024
Umschlaggestaltung: Maja Bechert
www.majabechert.de
Satz: Corinna Theis-Hammad
www.cth-buchdesign.de
Porträt auf S. 2: © Julia Schärdel
Bildnachweise:
S. 6: »Beach Couple« © Scott Metzger Cartoons
S. 44: Janet Jackson / Damita Jo © picture-alliance / dpa / Fotoreport
S. 62: Brustberg mit Apfel © Instagram @freethenipple, 29.11.2023
S. 82: »They just built a way more powerful telescope«, © Pia Guerra Ian Boothby / The New Yorker Collection / The Cartoon Bank
S. 104: »Monokini« © Modemuseum Hasselt 2018 / Rudi Gernreich 1964
S. 128: »Frau von Willendorf« © Don Hitchcock
S. 172: »Yoga in Lilliput« © Andrés Gamiochipi, www.andresgamiochipi.com

FSC www.fsc.org MIX Papier aus verantwortungsvollen Quellen FSC® C083411

Druck und Bindung:
CPI – Clausen & Bosse, Leck
1. Auflage
ISBN 978-3-96054-346-6

Inhalt

Wessen Brüste stören? Cartoon von Scott Metzger

> We live in a culture that allows every inch of a woman's body to be shown except a nipple. (…) Can't a man's nipple be experienced as erotic??!!
>
> MADONNA
> AUF UND ÜBER INSTAGRAM, 2021

Von Strand bis Social Media

Wo wessen Brüste stören

Sommer in Deutschland. Ich stehe in der Schlange vor dem Freibad. Und ich möchte schwimmen. Und zwar oben ohne. Schaffe ich das? Schaffe ich es, mich obenrum auszuziehen und vom Handtuch oben ohne bis ins Becken und zurück? Eine kleine Frage für die Menschheit, eine große Frage für mich. Denn ich ahne, dass ich scheitern könnte. Nicht an meinem BH-Verschluss. Sondern an meiner mangelnden Entschiedenheit. Entschiedenheit im Kampf gegen die Cancel Culture.

Und zwar eine Cancel Culture für »weibliche« Nippel. Denn anders als AfD und Trump-Fans behaupten, darf man zwar in unserer Gesellschaft so gut wie alles sagen. Man darf aber in unserer Gesellschaft nicht alles tragen: Wer als Frau gilt, wie ich, darf keine nackten Nippel tragen. »Oben ohne« ist ein Privileg für Typen! Während männlich gelesene Brustwarzen einfach nur zwei banale dunkle Flecken auf einem Oberkörper sind, sind weiblich gelesene Brustwarzen zwei Steine des Anstoßes. Sie stören.

*Sie stören Ordnungsdienste, Instagram und Freibadgäste in der Regel mehr als ein Rammstein-Tattoo, schuppiges Haar oder labbrige Pommes. Und wie diese Ordnungshüter*innen sowie weite Teile unserer Gesellschaft mit weiblich oder männlich gelesenen Nippeln umgehen, ist Ausdruck unserer jeweiligen Freiheit. Ausdruck unserer Rolle in der Gesellschaft. Ausdruck unseres Platzes in der Welt.*

Ich nähere mich der Kasse. Ich will heute einfach nur baden wie die Typen. Dass mein Versuch in der lokalen Presse und rechten Blogs landen wird, und die Freibadregeln im Stadtrat, ahne ich da noch nicht.

Ich werfe einen Blick ins Bad. Noch 100 Meter bis zum Schwimmbecken. Dieses Schwimmbecken ist mein Ziel. Da möchte ich rein. Bahnen schwimmen. Nur in Badehose. Warum? Weil ich es mag, wenn meine Brüste im Wasser zu schweben beginnen. Und weil ich es mag, wenn hierarchische Ordnungen ins Wanken geraten.

Und in den letzten Jahren gerät in Sachen Nippel einiges ins Wanken. Denn während einige sich an »weiblichen« Nippeln stören, stören andere sich an eben dieser bisherigen Ordnung. Viele Frauen und Nicht-Binäre kämpfen deshalb in den letzten Jahren um ihre nackte Würde. Ein paar Beispiele: Seit 2022 führen Frauen und queere Menschen in vielen deutschen Städten Prozesse für die Gleichberechtigung ihrer Brüste gegenüber Brüsten, die als männlich gelten. So unter anderem die Berlinerin Gabrielle Lebreton, deren Prozess in die Rechtsgeschichte eingehen könnte und die ich deswegen für dieses Buch begleitet habe. Neben Prozessen wie diesen fordert auch eine Petition mit dem Titel *Gleiche Brust für alle* das Recht auf nackte Brüste überall dort, wo Männer das auch dürfen. Und abseits solch rechtlicher Gegenwehr machen manche ihrem Ärger ganz praktisch Luft und *lassen* ihre Brüste an die Luft, quasi in Direkter Aktion. In Berlin, Dresden, Freiburg und Hannover radelten Menschen bei Fahrraddemos 2021 und 2022 oben ohne und mit »Free the nipple«-Aufschriften durch die Stadt. In Bremen stürmte 2022 ein Oben-ohne-Flashmob unter dem Motto »Brüste desexualisieren« ein Freibad. Auf Instagram postete Madonna 2021 eine Reihe von Fotos, die ihre nackten Nippel zeigten, und fragte verärgert, nachdem Instagram sie löschte, »Was ist mit dem Arsch einer Frau?«, schließlich würden Fotos von Ärschen nicht entfernt. Die einflussreiche Modebloggerin Chiara Ferragni postete 2023 aus Protest auf Instagram ein Foto von sich im sogenannten *Shameless Dress*, einem eleganten bestickten Kleid, das ihren nackten Körper nachahmt, vor allem nackte Nippel. Und in Nordspanien ging die Sängerin Eva Amaral 2023 oben ohne auf die Bühne, aus Solidarität mit anderen Sängerinnen, die sich zuvor hatten bedecken müssen, obwohl männliche Musiker seit Jahrzehnten ihre Brüste zeigen – vor Teenies, Volksfesten, Fernsehkameras. Manche Locations gehen, wie einige Bars auf dem *Fusion Festival* seit ein paar Jahren, den umgekehrten Weg und empfehlen Männern das Tragen von T-Shirts oder liefern mit »No shirt, no beer« Argumentationshilfe für die Männerseele. Sie fordern also Solidarität und tragen damit der Tatsache Rechnung, dass weiblich gelesene Menschen mit nackten Brüsten – auch wenn ein Event es ihnen erlauben würde – dennoch riskieren, belästigt zu werden, beschämt, begafft, gegen ihren Willen fotografiert oder gefilmt. All diese Maßnahmen gegen unser Oben-ohne-Privileg haben in den letzten Jahren einiges in Bewegung gebracht. Medien befassen sich seit ein paar Jahren häufiger damit. So machten *Guardian* und *ARD* 2023 mit Recherchen öffentlich, wie Algorithmen bei Instagram und Microsoft die Nacktheit von weiblich gelesenen und männlich gelesenen Menschen bewerten und entsprechend unterschiedlich sanktionieren. Und auch die Politik zog ein My nach. Zumindest was Freibäder angeht, sahen sich einige Verantwortliche auf kommunaler Ebene veranlasst, ihre Badeordnungen zu überdenken. In manchen europäischen Städten wie Barcelona, Grenoble, Berlin, Köln oder Chemnitz ist seit 2021 bzw. 2022 »oben ohne« nun in Freibädern dezidiert für alle erlaubt. Doch abseits von Freibädern stellt sich die Frage, wer sich entblößen darf, weiterhin auch an vielen anderen Orten. Genauer gesagt: an fast allen Orten unseres Lebens.

»Kaum denke ich an Boulderhallen, denke ich an die Oben-Ohne-Pauls und rege mich auf, als stünde gerade einer vor mir.« Das schreibt die Autorin Sibel Schick 2023 in ihrem Buch *Weißen Feminismus canceln* und malt sich aus, wie es wäre, als Frau oben ohne an der Kletterwand zu hängen. »Ich stelle mir vor, wie das Personal der Boulderhalle panisch zu uns eilt, um mich zu bitten, mich entweder sofort wieder anzuziehen oder die Halle zu verlassen, was sie bei Paul natürlich nicht getan haben, sonst wäre er ja entweder nicht mehr nackt oder weg. Und wie ich mich wehre, nur um im Anschluss rausgeworfen zu werden und Hausverbot zu bekommen. Oben-Ohne-Paul darf die Boulderhalle weiterhin betreten, schließlich ist er nicht so ›verrückt‹ wie ich. Wenn er in der Öffentlichkeit seinen Körper halb nackt präsentiert, liegt es daran, dass der Tag heiß ist, dass es nackt für ihn angenehmer und bequemer ist. Wenn ich es tue, bin ich exhibitionistisch, unmoralisch, provokant, verrückt, streitlustig, dreist etc. und muss rausgeworfen oder zumindest gemaßregelt werden.«[1] Dabei können auch Frauen mit nackten Brüsten eine Wand hochklettern, denke ich. Weibliche Brüste waren nur ein Mal bei einer Bergtour im Weg. Im polnischen Park Ciężkowice war eine üppige Frau während des Kletterns mit ihren Brüsten in einer Felsspalte hängengeblieben und konnte erst nach Stunden befreit werden.[2] Eine Boulderwand hingegen komme ich auch so hoch. Und wenn ich mit nacktem Oberkörper runterfalle, bo-donk, fliegen meine Brüste vielleicht durch die Gegend und kullern weg, aber dann sammle ich sie halt wieder ein. Doch aktuell können wir Frauen uns in der Boulderhalle nicht ausziehen. Als eine Freundin von mir deshalb die Betreiber ihrer Boulderhalle bat, sie möchten dann den Typen sagen, dass sie sich anziehen sollen, guckten die sie nur wie ein Auto an. Und auch die Boulderhalle ist nur ein Ort von vielen, wo unsere körperliche Selbstbestimmung sich von der der Männer unterscheidet – zumindest derjenigen mit Normkörpern, doch dazu später mehr. Ich habe für diese Recherche weiblich gelesene Personen in meinem Bekanntenkreis nach weiteren Beispielen gefragt: »Ich lege mich auf Raves ständig mit diesen Typen auf der Tanzfläche an, das macht mich so wütend, wenn die oben ohne sind. Ich erklär denen dann, dass das eine Machtgeste ist, und wenn ich Glück habe, ziehen sie sich das Shirt wieder an – und drei Meter neben mir wieder aus.« Das erzählt mir Jelena aus Augsburg. Julie aus Berlin ergänzt: »Bei mir stand letztens an der Supermarktkasse ein alter Typ oben ohne hinter mir. Ich habe den gebeten sich anzuziehen, aber der ist so sauer geworden und mehrere andere Männer sind ihm zur Seite, dass ich den Ort verlassen musste.« Sabrina ist Mutter zweier Kinder und erzählt: »Auch zuhause ist das ja Thema. Wir hatten letztens andere Kinder zu Besuch und mein Mann hat sein T-Shirt ausgelassen, als die kamen. Wenn ich das machen würde, würden die nicht nochmal zu Besuch kommen dürfen.« Dabei halten sich viele der Oben-ohne-Dads, Boulder-Pauls und Rave-Fans für aufgeklärt, feministisch, lässig – ihre Liberalität sieht man doch gerade an ihrer nonchalanten Freizügigkeit! Sie und wir, wir alle haben uns so an nackte männliche Oberkörper gewöhnt, dass wir sie gar nicht mehr hinterfragen. Ob zuhause oder auf der Straße – Männer tragen Nippel, Frauen tragen Risiken. Wir riskieren Belästigungen, Platzverweise und Strafen an Orten, wo Männer ihre Nippel unbekümmert an die frische Luft lassen. Von Boulderhalle bis Badestrand. Von Pool bis Party. Von Festival bis Facebook. Von Yoga bis Yacht. Von Fußballplatz bis Fußgängerzone. Von Radfahren bis Raven. Von Grillplatz bis Gipfelkreuz. Von Terrasse bis Tennis. Von Basketballplatz bis Beachvolleyball. Von Skatepark bis Social Media. Würden wir die Orte, an denen männlich gedeutete Brüste okay sind und weiblich gedeutete mit Scham behaftet, mit Pins auf einer Google Map markieren, sie wäre rot wie manch Teenie beim Anblick einer nackten Frauenbrust im Schwimmbad.

An all diesen Orten erfahren nicht nur unsere Nippel eine Cancel Culture. Sondern damit auch wir: Frauen und alle, die für solche gehalten werden. Wir dürfen an diesen Orten sein, aber nicht so wie Männer. Das heißt: unterordnen. Denn eine Kleidervorschrift, die nicht für alle gilt, bedeutet Hierarchie. Eine solche Hierarchie ausdrückende Kleidung ist natürlich wichtig, wenn sie zum Beispiel die lebensrettende Funktion hat, Fachpersonal von Laien zu unterscheiden, wie Feuerwehrleute oder medizinisches Personal, nicht aber bei unserer »zivilen« Alltagskleidung. Dann ist Kleiderordnung Ausdruck einer Gesellschaftsordnung. Sie ist dann unterdrückerisch, gewaltvoll und zerstörerisch. Und in der Regelung »Männerbrüste okay, Frauenbrüste obszön« liegt nicht nur eine Hierarchie – Männer sind freier als Frauen –, sondern auch ein Ausschluss – nicht-binäre Menschen sind raus, sie werden verleugnet oder zwangszugewiesen.

An dieser Stelle ein Einschub zur Sprache in diesem Buch: Gibt es »Frauenbrüste« und »Männerbrüste«? Brüste sind so vielfältig wie Menschen. Es gibt weibliche, männliche, queere, nicht-binäre, amputierte. Um das zu zeigen und um klarzumachen, dass erst unsere Kultur diese Zweiteilung schafft, schreibe ich hier häufig über Personen oder Brüste, dass sie »als weiblich gelesen« werden oder »als männlich gelesen«. Manchmal aber verwende ich, um die Ideologie der zwei Geschlechter plakativ zu veranschaulichen, auch nur die Begriffe »Frauen« und »Männer« oder »weibliche Brust« und »männliche Brust« oder »Frauenbrüste« und »Männerbrüste«. Im Wissen, dass es mehr als zwei Geschlechter gibt. Und übrigens, es gibt nicht nur mehr als zwei Geschlechter, es gibt auch häufig mehr als zwei Nippel: Jede fünfzigste Frau und jeder achtzehnte

Mann haben drei oder mehr Nippel, diese befinden sich oft wie bei Milchleisten von Säugetieren entlang einer gedachten Zweierreihe unter den anderen Brustwarzen.[3] Und manche Menschen haben sogar gar keine Nippel, die sogenannte »Athelie«. Der Duden trennt unsere Brustwarzen außerdem sprachlich: Die vom englischen »nipple« kommenden deutschen »Nippel« meinen laut Duden nur weibliche Brustwarzen, nicht männliche. Ich verwende »Nippel« hier aber für alle Geschlechter.

Doch von der Sprachordnung zurück zur Kleiderordnung. Ob ein Mitglied einer gesellschaftlichen Gruppe entscheiden kann, Hosen zu tragen oder nicht, kurze Röcke zu tragen oder nicht, Kopftücher zu tragen oder nicht, Burkini zu tragen oder nicht, Bikini-Oberteile zu tragen oder nicht, ist Ausdruck davon, welchen Rang diese Gruppe in einer Gesellschaft einnimmt. Und wie ich finden viele in den letzten Jahren: Nichts als eine Hose – das wird man ja wohl noch tragen dürfen!

Doch wie kommen wir da hin? Wie kommen wir zu einer »gleichen Brust für alle«? Können wir »weibliche« Nippel entskandalisieren? Können wir sie entsexualisieren – und wollen wir das? Warum sind überhaupt manche Brüste erotisch, manche nicht? Und ändert sich dieser Blick, wenn »oben ohne« für alle erlaubt wird und wir in Zukunft ständig alle topless Fahrrad fahren? Und selbst wenn das möglich wäre, wie erreichen wir, dass Frauen oben ohne im Gedränge des Festivals oder der Fußgängerzone *sicher* sind? Oder müssen wir den umgekehrten Weg gehen? Müssen wir »männliche« Nippel sexualisieren – und müssen sie auch alle ins Körbchen?

Was »weibliche« Brüste riskieren

Das gegenwärtige Oben-ohne-Privileg für Männer hat nicht nur symbolischen Charakter, sondern auch faktische Folgen. Während Männer ihre unschuldigen Nippel auf Instagram zeigen können und in der beschaulichen Restwelt jenseits des Internets, können Frauen und queere Menschen ihre Nippel nur im Privaten rauslassen, und dort auch nur im abgeschirmten Bereich, nicht im Garten oder am Balkon, wenn jemand Anstoß nimmt. An *öffentlichen* Orten riskieren wir Strafen. In Deutschland können wir eine »Belästigung der Allgemeinheit« nach § 118 des Ordnungswidrigkeitengesetzes darstellen, wenn sich jemand gestört fühlt, und riskieren damit Platzverweise und Bußgeldstrafen bis zu 1000 Euro. Auszuprobieren wäre, ob es nur 500 Euro sind, wenn wir nur eine Brust rausholen. An *privaten* Orten riskieren wir ebenfalls Platzverweise oder müssen uns der Einschätzung anderer fügen, wenn diese unsere Kleider für unangemessen halten. Weibliche und queere Körper unterliegen also dem Ermessen von Polizei, Sicherheitsdiensten oder Personal. Und neben Strafen und Maßregelungen von diesen »Zuständigen« unterliegen wir auch den Blicken, Urteilen und Reaktionen gänzlich unbeteiligter Umliegender. Lehnen sie es ab, dass wir frei über unseren Körper entscheiden dürfen? Oder sind sie für unsere Selbstbestimmung?

2023 hat das Meinungsforschungsinstitut *Kantar* tausend Menschen in Deutschland gefragt: »Was meinen Sie, soll künftig in allen öffentlich betriebenen Schwimmbädern das Baden mit freiem Oberkörper für alle Geschlechter erlaubt sein?«[4] 44 Prozent der Befragten waren dagegen, 47 dafür. Ähnliches ergab eine Umfrage von *YouGov* im Auftrag der *dpa* 2022. Auf die Frage »Erste Bäder erlauben nackte weibliche Oberkörper zu bestimmten Zeiten – wie finden Sie das?«, antworteten 28 Prozent mit »negativ«, 37 Prozent mit »positiv«, der Rest war unentschieden oder machte keine Angabe. Alle, die also mit einem weiblich gelesenen Körper oben ohne baden wollen, können davon ausgehen: Ihre Brüste stören, sie erwecken damit bei einem Drittel bis zu der Hälfte der Befragten Ablehnung. Das kann natürlich im Stillen passieren, ohne dass wir davon was mitkriegen, aber es kann eben auch sein, dass Menschen sich äußern, mit Blicken, Worten, Maßregelungen, als Umstehende oder befugtes Personal. Kein Wunder, dass in deutschen Freibädern in der Regel alle weiblich gelesenen Personen angezogen sind. Wer hat schon Bock auf Stress? Es ist schließlich ein Freibadbesuch, Freizeit, Erholung. Viele lassen es deshalb – und bleiben nachvollziehbarerweise obenrum angezogen. Doch das war nicht immer so.

Beeinflusst durch die Idee der sexuellen Selbstbestimmung der 68er und der anschließenden Frauenbewegung war es lange üblich, immer auch ein paar oder sogar viele Frauen oben ohne an Stränden, Seen oder in Schwimmbädern zu sehen. Meine Mutter und ihre Freundinnen beispielsweise badeten in den 70ern und 80ern häufig oben ohne an europäischen Stränden oder in deutschen Freibädern. Und meine ostdeutsche Verwandtschaft war FKK gewohnt, also beim Baden komplett nackt zu sein. Doch wie mir eine Leipzigerin berichtet, »bedrohen« – so drückte sie es aus – am dortigen Cospudener und Kulkwitzer See immer mehr junge Frauen *im* Bikini die Alten und »ihre Freiheit«, und die eben erwähnte *YouGov*-Umfrage zeigt, auch im Osten sind nur 44 Prozent für »oben ohne« (im Westen 35 Prozent). Die Liberalität der FKK-Kultur ist also nicht mehr gesichert und das Feiern der Freiheit durch die 68er ist lange her. Wir erleben seit den 90ern einen Backlash, wie der französische Soziologe Jean-Claude Kaufmann zeigt. Er hat 1995 eine groß angelegte Studie an französischen Stränden zum Thema »oben ohne« veröffentlicht. Sie heißt *Frauenkörper – Männerblicke* und trägt im Französischen noch den Untertitel *Sociologie de seins nus,* »Soziologie der nackten Brüste«. Viele, die Kaufmann befragt hat, waren damals in den 90ern zum Bikinioberteil zurückgekehrt. Sie hatten zu einem früheren Zeitpunkt »oben ohne« gemacht, von da an aber nicht mehr. Und seit den 2000er Jahren prägt uns noch eine ganz neue Prüderie: die *Prüderie der Plattformen.* Mit den großen Digitalunternehmen wie Meta und Google haben die USA für unseren digitalen Alltag im Netz ein Meinungsmonopol – und das heißt auch: ein Zensurmonopol –, und im Falle von Nippeln lassen sie uns Frauen und Queere fallen, denn sie setzen stärker als jede Rechtsordnung im physischen Alltag es kann, ein Oben-ohne-Privileg für Männer durch. Von Facebook bis Instagram sind Fotos kenntlicher »weiblicher« Nippel abseits von Bildern von Stillenden verboten, »männliche« Nippel sind okay. Unsere Sittenvorstellungen bezüglich Nacktheit werden, wie auch in anderen Themenbereichen, von der Moral des Silicon Valley geprägt, das heißt: von der Moral meist weißer männlicher Experten für IT(!). Online-Dienste bewerten Bilder von Frauen generell als anzüglicher als Bilder von Männern, wie Recherchen mit 3000 Testfotos 2023 dokumentierten.[5] Und ein Bilderkennungs-Algorithmus von Microsoft schätzt im gleichen Jahr ein Foto eines Moderators des *ARD*-Instagram-Kanals *News-WG* zu 29 Prozent als »sexuell anzüglich« ein, wenn er oben ohne ist, und zu 99 Prozent, wenn er auf dem Bild einen BH trägt.[6] Expert*innen fürchten deshalb, dass Bilder von Frauen und queeren Menschen – selbst wenn sie nicht ganz oben ohne sind – schneller geblockt, gelöscht oder eingeschränkt werden. Die deutsche Antidiskriminierungsbeauftragte Ferda Ataman fordert in diesem Zusammenhang, dass der Einsatz dieser Algorithmen stärker reguliert und dokumentiert wird. Aktuell prägt also auch noch die Silicon-Valley-

Sittenpolizei unseren Alltag. Und da wir schon lange mehr Stunden unseres Tages im Netz verbringen als an einem liberalen Strand, ist es kein Wunder, dass für Frauenbrüste somit auch in unserer Restrealität gilt: Verhüllung ist *the new normal.* Während Männer ihre Brüste auf Plattformen, auf Partys, am Pool oder im Park weiterhin zur Schau stellen, verhüllen die meisten Frauen ihre lieber. Selbst an Orten zum Baden oder Sonnenbaden wie dem Strand, dem See, dem Schwimmbad.

Hinzu kommt ja auch die Angst vor *Belästigungen.* Unsere Kultur erklärt bestimmte Nippel für erotisch – dazu später mehr –, und wegen dieser erotischen Aufgeladenheit denken manche, eine Frau, die sich das Oberteil ausziehe, meine das auch erotisch, und verstehen es als Einladung zum Gaffen, Anquatschen, Anfassen oder Filmen. Again, kein Wunder, dass »oben ohne« heute zur Ausnahme geworden ist. Viele Menschen mit weiblich gelesenen Brüsten kommen gar nicht mehr auf die Idee, sich auszuziehen wie die Männer. Andere wollen nicht die aufsehenerregende Ausnahme sein.

Und noch etwas kommt hinzu: Wer trotz all der Gefahren von Maßregelungen, Belästigungen und Ablehnung nur mit Unterteil unterwegs ist, riskiert mindestens *inneren, gedanklichen Stress.* Das fängt schon mit der Entscheidung an: Ziehe ich mich *überhaupt* wie die Typen obenrum aus?

Vor mir an der Freibadkasse steht nur noch eine Person.

Soll ich das hier alles machen? Wozu das Ganze? Es ist das Bad, in das ich immer gehe. Ich habe keinen Bock, hier über die Maßen Aufsehen zu erregen. All die Debatten und Umfragen über »oben ohne« in Freibädern liegen erst noch in der Zukunft. Denn mein Freibadbesuch hier ereignet sich 2019, vor den rechtlichen Änderungen und den ganzen Medienberichten darüber. Die Ablehnung ist also hier sicher noch weit über der der späteren Umfragen. Und noch dazu bin ich in Bayern. Erzkonservativ. In der Schule hängt in jedem Raum ein Kreuz mit einem Typen dran – oben ohne –, aber Frauen im Freibad? Das könnte schwierig werden.

Die aktuelle Badeordnung sagt, was damals alle und später noch die meisten deutschen Badeordnungen, mit einigen Ausnahmen, sagen: »Oben ohne« ist, wenn überhaupt, nur auf der Wiese okay, aber im »Nassbereich« brauche es »geeignete Badebekleidung«, und was geeignet ist, obliegt meist »dem Personal«.

Ich sehe von der Kasse aus lauter Typen oben ohne auf der Wiese. Warum tragen die eigentlich keine Bikinioberteile? Klar, es ist Konvention, aber nicht verboten. Und da gäbe es doch reizvolle Möglichkeiten. Rüschen, Glitzer, Streifen, Neonfarben. Warum haben wir keinen Bikini für den Mann? Keinen Mankini?

Es gäbe so viele Möglichkeiten, sich in Szene zu setzen. IT-Stefan würde vielleicht nur so ein labbriges Teil mit SAP-Logo drauf tragen. Und Onkel Heinz ein Bikinitop aus der Grabbelkiste vom letzten Malle-Urlaub mit dem Aufdruck: »Bier formte diesen schönen Busen«. Aber vielleicht überrascht Werner aus dem Nachbarbüro mit einem Mankini mit Federschmuck. Und Andi von der Antifa trägt schlicht Schwarz mit Kapuze dran, und »ACAB« drauf, denn all cops are boob owners.

Jetzt bin ich an der Freibadkasse dran. Gehe ich rein oder lasse ich das Ganze? Ich denke: Wir haben ja nur zwei Möglichkeiten. Entweder wir ziehen uns alle an. Oder wir ziehen uns alle aus. Und solange Antifa-Andi, IT-Stefan und Onkel Heinz sich nicht anziehen, werde ich mich ausziehen. Ich will auch definieren, was für meinen Oberkörper angemessen ist.

Entschieden trete ich auf die Kassiererin zu. Vielleicht ein bisschen zu entschieden. Als würde ich den Sittenwächtern eines theokratischen Regimes die Stirn bieten. Dabei ist es nur die Mitarbeiterin der Städtischen Bäderbetriebe.

»Guten Tag«, sagt sie freundlich. Der Endboss sieht anders aus.

»Äh, guten Tag«, sage ich. »Einmal erwachsen, bitte.« Schließlich kauft man in Deutschland für die Revolution eine Eintrittskarte.

»4,60«, sagt sie. Das ist mir der Aufstand wert. Ich reiche ihr das Geld. Sie wünscht mir viel Spaß. Und ich trete nach vorne, als würde ich eine magische Pforte durchschreiten. Dabei gibt es nicht mal ein Drehkreuz. Aber jede Freiheitsbewegung hat eben mal klein angefangen. Ich blicke auf die Wiese und sehe vor mir nur Frauen mit Bikinioberteil. Muss die Bewegung ausgerechnet mit mir anfangen?

Ich hätte jetzt gern einen Oben-ohne-Flashmob dabei, wir würden laut schreiend vom Dreimeterbrett springen und danach beim Volleyball alles bimmeln und bommeln lassen.

Na, gut, ich ziehe das jetzt durch, also: aus.

Noch 90 Meter bis zum Becken. Jetzt heißt es: einen Platz finden und dort dann T-Shirt aus. Doch wo lege ich mich hin?

Lieber nicht zu den Halbstarken da, die gaffen oder fotografieren vielleicht. Lieber nicht zu dem alten Herrn da, der braucht am Ende wen zum Reden. Lieber nicht zu der Familie da, die Eltern könnten vor Schreck ihre Kinder einpacken. Lieber nicht zu dem Pärchen da, sonst denkt sie, er würde gucken.

Gedanken wie diese haben viele, beobachtet der Soziologe Jean-Claude Kaufmann in seiner Studie. Er hat mit einem Forschungsteam 300 Menschen an Stränden der Bretagne und der Normandie befragt. Eine Geschäftsfrau sagte ihm, sie lege sich oben ohne nirgends hin, wo Kunden sein könnten, das ruiniere das Geschäft. Wow, denke ich, »oben ohne« birgt also das Risiko einer finanziellen Einbuße, jenseits von Geldstrafen. Eine andere Frau berichtet in der Studie, sie lege sich auch nicht zu entfernten Bekannten, die wüssten dann nicht, wo sie beim Begrüßen hingucken sollen. Und ein Mann sagt auch tatsächlich, er gehe zu befreundeten Frauen nur, wenn sie Oberteil trügen, sonst winke er ihnen aus der Ferne.[7] Über die letzte Aussage, denke ich, werden sich einige Frauen freuen, denn damit wäre »oben ohne« ja eine gute Firewall gegen unsouveräne Männer, quasi ein Dating-Tipp.

Die Antworten in Kaufmanns Studie erscheinen drastisch. Und sie ist schon von fast 30 Jahre alt. Ich halte sie dennoch für relevant. Zum einen ist sie die größte wissenschaftliche Studie zu dem Thema »oben ohne«. Zum anderen ist der soziologische Ansatz hilfreich, heute könnte man sich fragen, wie die Antworten lauten könnten, wenn man die Fragen nicht an französischen Stränden, sondern am deutschen Nord- und Ostseestrand stellen würde. Wenn nicht nur Punks mit dem 9-Euro-Ticket Sylt stürmen, sondern weiblich gelesene Personen mit nackten Brüsten. Doch seit den 90ern hat das ohnehin kaum mehr wer gefragt – und gewagt.

Deswegen stehen heute weiblich gelesene Menschen, die sich oben ohne sonnen möchten, bei der Ankunft am Strand, Badesee oder Freibad vor der Frage: Wo lege ich mich hin? Nicht zu Typen, die alleine da sind, nicht zu Typen in Gruppen, nicht zu Typen mit Freundin. Bleiben nur Plätze, wo einzelne Frauen oder Frauengruppen liegen, sagt Kaufmann. Idealerweise solche, unter denen auch welche kein Oberteil tragen. Denn »oben ohne« am Strand tummele sich gern, beobachtet er, genauso wie »oben mit«. Ob bewusst oder unbewusst, wo eh schon eine Frau oben ohne läge, werde mit weniger Beobachtung gerechnet. Dabei müsse das ganze Scannen allerdings in wenigen Sekunden ablaufen. Denn Oben-ohne-Badende wollen ja so aussehen, als ob es ihnen egal wäre, wo sie liegen – und was die anderen von ihnen halten.

Wie wir über wessen Brüste urteilen

Was halten wir als Gesellschaft also von »oben ohne«? Die Zahlen haben wir uns schon angeguckt, aber was sind die *Gründe* für eine Ablehnung oder Befürwortung? Darüber sagen die aktuellen Erhebungen nichts, wohl aber Kaufmanns Studie. Wer ohne Oberteil ging, nannte als Grund meist das »streifenfreie Bräunen«. Manche sagten auch, es sei für sie Ausdruck einer »Rückkehr zur Natur«, wir seien schließlich »alle ohne Klamotten geboren«. Andere antworteten, es sei »einfach hübsch«.[8] Weitere sagten, dass das Wasser schön über die Haut gleite oder dass nach dem Baden nicht so viel nasser Stoff am Körper klebe und man sich so weniger erkälte. *Gegen* »oben ohne« waren die Befragten bei Kaufmanns Studie auch aus verschiedenen Gründen. Manche sagten, Frauen, die »oben ohne« trügen, wollten sich nur zur Schau stellen. Von sich selbst sagten einige Frauen, sie wollten keinen Brustkrebs, wobei Sonne korrekterweise Hautkrebs verursachen kann, nicht Brustkrebs, und manche der Krebs-Argumentierenden ihren restlichen Körper stundenlang in der Sonne brutzeln ließen, wie Kaufmann beobachtet. Sehr viele nannten auch diesen Grund: »wegen der Kinder«. Bei der Nachfrage, was Kinder an Brüsten störe, notiert Kaufmann aber eine gewisse »Müdigkeit unter der Sonne, die Antwort läßt auf sich warten; die Leute, die glaubten, hier ein entscheidendes Argument zu haben, werden nervös«.[9] Laut Kaufmann zeigt die Tatsache, dass die Eltern auf die Kinder verweisen, dass »oben ohne« ihrer *eigenen* »Ansicht nach an Immoralität und Obszönität grenzt, (...) weshalb die jungen Geister davor geschützt werden müssen«. Einige Oben-ohne-Gegner*innen machen sich mehr Mühe und sagen, manche Kinder würden schließlich keine nackte Brust kennen, weil ihre Mütter das zuhause nicht täten. Aha! Guter Punkt, denke ich. Lasst uns demnächst auch Glatzen bedecken, denn nicht alle

Kinder haben Väter mit Glatzen. Die nackte Haut könnte Kinder schockieren! Die müden »wegen der Kinder«-Überlegungen in Kaufmanns Studie gehen noch weiter: Manche Befragten sagten, es könnte die Kinder verwirren, dass »oben ohne« am Strand möglich sei, aber 50 Meter weiter weg nicht. Gute Frage, Kinder. Falls ihr wirklich darüber nachdenkt und nicht über Eis und Pommes, falls also nicht eigentlich eure Eltern verzweifelt nach einer Logik hinter dem Oben-ohne-Privileg für Männer suchen.

Abseits der »Kinder«-Antwort bestehen die meisten Gründe gegen nackte Frauenbrüste bei Kaufmanns Befragung aber schlicht aus *bodyshaming*. Denn wie sich herausstellt, ist für die Gegner*innen fast keine Brust so akzeptabel, dass sie gezeigt werden könnte. Einige meinen, »bis zum *Alter von 40*« ginge das ja noch (damit ist meine Brust leider raus). Andere meinen, *große Brüste* gingen auch nicht (damit bin ich doppelt raus), das sei »wirklich Exhibitionismus« und wie die »Auslage einer Metzgerei«.[10] *Kleine Brüste* gingen aber auch nicht, *hängende* auch nicht, eine Interviewte meint, »wenn ich so *Waschlappen* oder *Raketen* hätte, würde ich es lassen«.[11] Hm. Zwischen Waschlappen und Raketen bleibt alles in allem also nicht viel. Nur noch die Germknödelform.

Wer all diesen Blicken und Urteilen trotzt und sich dennoch obenrum auszieht, für die gibt es noch weitere »Spielregeln«, wie Kaufmann es nennt. Vor allem, was unseren Bewegungsradius angeht. Denn dass wir uns entkleiden, ist eh schon für viele verstörend, aber wenn wir dabei auch noch *rumlaufen*, ist es obszön. Wer als Frau oben ohne ans Wasser geht, sollte das auf direktem Weg tun, fasst Kaufmann die Ansichten am Strand zusammen, »Blick nach unten oder aufs Meer gerichtet«. Während Typen auch oben ohne ins Café oder auf die Strandpromenade können, bleiben Frauen am besten auf ihrem Handtuch. Im Liegen ist die Brust flacher und wirkt fester und wir zeigen, dass wir nicht gesehen werden wollen, am besten schließen wir die Augen, so Kaufmann, und demonstrieren so, dass wir völlig in uns ruhen und uns die anderen wirklich gar nicht interessieren. Liegen und still sein, liebe Frauen! Artikel 3 des Grundgesetzes der Bundesrepublik sieht zwar vor, dass Frauen und Männer gleichberechtigt sind und dass der Staat »auf die Beseitigung bestehender Nachteile« hinwirkt. Aber man sollte doch bitte auf dem Boden der Tatsachen bleiben. Und das heißt, auf dem Boden der Liegewiese. »Aufrecht ist es Exhibitionismus«, sagt eine Frau dem interviewenden Kaufmann.[12] Und eine andere, die selbst oben ohne ist, meint: »Jede Vorstellung eines Spaziergangs« sei »undenkbar«. Eine Interviewte bei Kaufmann sagte über eine Frau ohne Oberteil in einer Bäckerei am Rande des Strandes, das sei problematisch, »was die Hygiene angeht«.[13] Aha, denke ich, unsere Nippel sind unhygienisch. Gut, das deutsche Wort »Brust*warze*« bringt wirklich reizende Assoziationen wie Wucherungen und Viren mit sich, aber an sich halte ich klebriges Eis ja nicht mit den Brüsten, und bakterienübersäte Geldscheine auch nicht. Doch immerhin eine Sorge der Hygiene-Bedenkenträgerin werde ich ernst nehmen und im letzten Kapitel erörtern: Sind unsere nackten Brüste ansteckend?

Doch zurück zur Bewegungsfreiheit: Die geht umso mehr hops, je mehr wir aus der Norm fallen. Wer sehr große Brüste hat, sollte stillhalten, »wenn schon, dann in Ruhelage«[14]; auch wer schlaffe Brüste hat, denn »mit Waschlappen-Brüsten rennen« sei »schrecklich«; wer *zu* schöne Brüste hat, möchte nur, »daß sie bemerkt werden, das spürt man«; wer »*flach ist wie ein Brett*« sollte wirklich stillhalten; und auch, wer unsportlich ist – über eine Anfängerin auf einem Surfbrett urteilt eine Interviewte, das »wackelte in alle Richtungen hin und her, also das ist nicht schön«.

Diese Urteile nach Körperbau und körperlichen Fähigkeiten passen ins große Ganze. Besonders inspiziert werden nicht nur am Strand, sondern generell alle Körper, die aus der Norm fallen: Körper mit Behinderungen, queere Körper, dicke Körper, sehr dünne Körper, nicht-weiße Körper. Die Betroffenen kennen die Beurteilung. Und gerade Orte, an denen auch noch üblicherweise wenig Kleidung getragen wird, wie Badeorte, meiden viele von ihnen. Sie stellen sich lieber ein Planschbecken in den Garten oder baden sehr früh oder sehr spät am Tag, wenn niemand da ist. Eine nicht-binäre Person aus meinem Bekanntenkreis erzählte mir, dass sie zu einem Junggesellinnenabschied in eine Therme eingeladen war. Die Person überlegte, wie sie sich in der Therme kleiden sollte. Mit einem hautfarbenen sogenannten »Binder«, der die Brust abbindet? Dann würden andere Personen in der Frauenumkleide erschrecken, weil sie dächten, es handele sich um einen Mann. Mit einem Bikini-Oberteil? Dann würden andere die betroffene Person als Frau lesen, was sie nicht ist. Am Ende wurde einvernehmlich eine andere Aktivität für den Junggesellinnenabschied gewählt, wo die Einteilung nicht so binär ist. Für die betroffene Person eine gute Lösung für den Moment – das »A« in »JGA« stand halt schon immer für »Avantgarde« –, doch natürlich keine Lösung auf Dauer. Nicht-binäre Menschen können ja nicht einfach *nicht* baden und sonnenbaden. Und auch nicht nur zu Sonderzeiten an einem Nachmittag die Woche, auch wenn Extra-Schwimmzeiten für Transpersonen, Intersexuelle, Nicht-binäre und queere Menschen, wie es sie in Hallenbädern in München oder Essen gibt, hilfreich sind.

Der fragende oder verurteilende Blick trifft viele Körper eh schon den ganzen Tag. Viele haben Jahrzehnte von Ausgrenzung und *shaming* hinter sich. Und viele haben die Scham auch internalisiert. Die Schwarze und feministische Autorin Roxane Gay, die sich selbst als dick beschreibt, analysiert in ihrem Buch *Hunger*: »Ich wünschte, ich würde meinen Körper nicht als etwas betrachten, für das ich mich entschuldigen müsste oder eine Erklärung liefern müsste. (…) Ich bin mir darüber im Klaren, dass ich in einer Kultur groß wurde, die toxisch für Frauen ist und ihre Körper durchwegs diszipliniert, und dass es wichtig ist, sich diesen unrealistischen Standards zu widersetzen, wie mein Körper oder der Körper jeder Frau aussehen soll. Aber was ich weiß und was ich fühle, sind zwei verschiedene Sachen. (…) Wenn es heiß ist, schwitze ich stark, vor allem am Kopf. Ich wische mir dann ständig den Schweiß runter, dann merke ich, es gibt ein Schweißrinnsal zwischen meinen Brüsten und an meiner Wirbelsäule. Mein Shirt wird feucht und Schweiß dringt durch. Ich denke, die Leute starren mich alle an und verurteilen mich dafür, dass ich meinen Körper nicht im Griff hab und schwitze.« Wer wie Roxane Gay nicht weiß ist oder wer dick ist, wer sehr dünn ist oder einen Rollstuhl nutzt, wer trans ist oder nicht-binär, wer arm ist und deswegen eher für promiskuitiv statt für bürgerlich-sittsam gehalten wird, rechnet ohnehin in jeder Lebenslage damit, dass der eigene Körper als unangemessen gilt. Doch wenn warme Jahreszeiten oder Badeorte auch noch reduzierte und binäre Kleidung erfordern, sind ihre Körper den beurteilenden Blicken noch mehr ausgesetzt. Und sie wissen: Noch schlimmer als nackte Brüste sind nackte dicke Brüste, nackte Schwarze Brüste, nackte Brüste im Rollstuhl. Besonders sanktioniert wird das, was von der Norm abweicht.

Alles in allem machen sich also die meisten, die nicht als Mann gelesen werden, ohne Oberteil noch mehr Gedanken als sonst. Eine Bekannte von mir überlegte, als sie nackt aus dem See stieg: »Fotografieren die Typen da mich oder die Entenfamilie?« Gedanken und Sorgen wie diese wirken harmlos, sie summieren sich aber mit Gedanken und Stress durch andere Formen von Ablehnung und Ausgrenzung. Und davon haben Diskriminierte eh genug: niedrigere Löhne, belastendere Jobs, mehr Care-Arbeit, Belästigungen, Gewalt. Diskriminierte Menschen entwickeln wegen der Summe an täglichen Diskriminierungserfahrungen Sorgen, Ängste, Zwangsgedanken, Vermeidungsverhalten sowie zweimal so häufig Depressionen und dreimal so häufig Burnout wie andere Menschen.[15] Das Topless-Verbot kommt da nur noch *on top*. Viele, die gern ihr Oberteil ausziehen würden, verstecken ihre Körper dennoch, weil unsere Gesellschaft sie für unangemessen, schrecklich oder unhygienisch hält. Oder sie entscheiden sich, dass sie ihre Oberkörper *trotzdem zeigen*, obwohl die Gesellschaft darin »Waschlappen« oder »Metzgerei-Auslagen« sieht und Motive wie »Exhibitionismus« unterstellt. Und wir müssen uns die ganze warme Jahreshälfte dazu verhalten, ob wir die Freiheit einnehmen, die Männern zugestanden wird, oder nicht: also ob wir oben ohne klettern, raven, grillen, surfen, Rad fahren, Eis essen oder Marathon laufen. Okay, stimmt nicht, ich würde einfach nie einen Marathon laufen. Aber davon abgesehen müssen wir uns zum Oben-ohne-Privileg verhalten.

Dieser Stress erklärt für mich auch ein zunächst seltsam erscheinendes Verhältnis. Weniger Frauen als Männer sind für ein Recht auf »oben ohne«. 55 Prozent der Frauen äußern sich bei der Umfrage von *Kantar* dagegen, 56 Prozent der Männer hingegen dafür. Ähnlich bei *YouGov*: 28 Prozent der Frauen fanden »oben ohne für alle« gut, von den Männern hingegen 46 Prozent. Über die Gründe sagen die Umfragen nichts aus, und es erscheint fragwürdig, warum Frauen gegen ihre eigene Wahl(!)-Freiheit entscheiden – sie müssen sich ja nicht selbst ausziehen. Es kann also nur heißen, dass sie nicht wollen, dass *andere* Frauen sich ausziehen. Aus den Aussagen von Kaufmann können wir schließen, dass viele den Anblick der meisten Brüste aus vermeintlich ästhetischen, tatsächlich diskriminierenden Gründen ablehnen. Wohlwollender wäre die Auslegung, dass eine Oben-ohne-Freiheit ihnen Sorge macht, dass der Druck steige, nachziehen und sich selbst ausziehen zu müssen, mit dem Risiko von Beurteilungen und Belästigungen. Eine Bekannte von mir erzählt, dass sie als Studentin in den frühen 80ern nicht immer eine Wahlmöglichkeit empfunden habe, ein Oberteil anzulassen, selbst wenn sie sich manchmal unwohl gefühlt hat, denn es hätte im studentischen Milieu als prüde gegolten. Doch wir kennen die Gründe der Frauen von heute nicht. Die Meinung von Nicht-Binären wurde nicht erhoben. Und zu den Gründen von Männern: Es wäre historisch gesehen ungewöhnlich, dass Männer die weibliche Freiheit entschiedener verteidigen als die Frauen selbst, von daher können wir davon ausgehen, dass manche (!) von ihnen einfach den Anblick nackter Frauenbrüste anstreben und aus eigenem Interesse entscheiden. Doch für das Recht auf »oben ohne für alle« haben sich ohnehin nur wenige Kommunen entschieden. Meistens gelten für uns also »Angemessenheits«-Regeln und die vermutete moralische Ansicht der Mehrheit der Leute am Strand. Diese vermutete Ansicht ist nicht nur voller *shaming* und Hierarchie – sondern auch binär.

Wie uns das Oben-ohne-Privileg gendert

Das Oben-ohne-Privileg für Männer bedeutet, dass wir uns einer binären Kleiderordnung fügen müssen. Es gibt nur: Badehose *oder* Badeanzug bzw. Bikini. Das trifft vor allem queere Menschen. Wie bei Toiletten, Umkleiden, Schuluniformen und Formularen müssen sich nicht-binäre, inter oder trans Personen hier besonders offenbaren oder zwangseinteilen. Schwimmunterricht kann so zur Tortur werden. Und auch ein Badetag oder Urlaub. Dabei wollen wir doch gerade in der Freizeit Freizeit. Entspannen. Uns gehen lassen. Statt uns in Normen zu schnüren. Das

Oben-ohne-Privileg für nur *ein* Geschlecht bedeutet, dass sich queere Menschen Gedanken machen müssen. Wo kann ich Urlaub machen? Soll ich baden gehen? Was verlangt die Kleiderordnung dort von mir? Wie kleide ich mich im Schwimmunterricht? Habe ich heute die Kraft, Maßregelungen oder strafende Blicke zu ertragen?

Doch nicht nur queere Menschen müssen sich zum Oben-ohne-Privileg verhalten. Auch wer sich prinzipiell als Frau definiert: Viele handeln sicher unbewusst und aus Gewohnheit und Sozialisation. Manche *wollen* vielleicht dezidiert kein »oben ohne« – und ihre Gründe sind egal, denn es geht bei Freiheit genau darum, entscheiden zu können, ohne Rechtfertigung. Manch andere bleiben aber auch angezogen, *obwohl* es ihnen widerstrebt und obwohl sie wissen, dass sie sich damit der binären und hierarchischen Ordnung fügen und sie weiterverbreiten. Volles Verständnis auch dafür, denn die Alternative ist das Risiko von Stress, Ermahnungen, Strafen, Belästigungen oder internalisierter Scham. In jedem Fall verfestigt das Oben-ohne-Privileg für uns alle die binäre Ordnung. Auch für alle, die sich prinzipiell als Männer verstehen – und als solche gelesen werden. Sie fügen sich durch das Ausziehen in eine hierarchische Zweiteilung der Welt. Sobald ein Mann mit einem Körper, der nicht zu weit aus der Norm fällt, erkennt und ernst nimmt, welcher Ausdruck von Macht seine nackte Brust ist, an einem Ort, wo seine Begleiterin oder andere Nicht-Männer das nicht dürfen, wird auch er in Zukunft nachdenken müssen, ob er dieses Privileg in Anspruch nimmt. Oder ob er sich sagt: Ich ziehe auch im Sommer T-Shirts an, auch in Boulderhallen, auch im Park, am Strand und auf dem Festival. Vielen ist das Oben-ohne-Privileg nicht bewusst. Sie ziehen ihr Shirt einfach aus, weil sie so sozialisiert sind, sie nehmen ihr Mehr an Freiheit nicht wahr. Doch sie begehen mit dem Shirt-Ausziehen – auch wenn meistens unbewusst – einen Akt, der Überlegenheit symbolisiert. Und: Sie *labeln* sich als Mann. Wer sich wie selbstverständlich auszieht, sagt: Ich bin das Geschlecht, das das darf. Damit verfestigt diese Person – auch wenn sie das nicht vorhat – die binäre Ordnung. Dabei sind auch Männer in unserer Kleiderordnung aktuell eingeschränkt. Sie können in der Regel kein T-Shirt *im* Wasser tragen und den Mankini gibt es leider noch nicht. Nur Sacha Baron Cohen alias Borat zieht seine neongrüne Badehose wie Hosenträger hoch bis über die Nippel. Männer werden für Röcke, Kleider, Rüschen, Glitzer, schrille Farben und auffällige Muster tendenziell sanktioniert, sie riskieren schon als Jungs Gewalt, wenn sie die Kleiderordnung und damit die Ordnung an sich in Frage stellen. Und im Falle von »oben ohne« gibt es auch für Männer Doppelstandards, wie Sibel Schick anhand eines kurdischen Freundes beschreibt: »Kann man sich unter Umständen vorstellen, dass mein Kumpel, der ausgeprägte, dichte und schwarze Körperhaare hat, sich in einer Boulderhalle oben ohne wohlfühlen könnte?« Sibel Schick schildert das in der bereits erwähnten Boulder-Szene in ihrem Buch *Weißen Feminismus canceln*: »Ich bezweifle das stark. Immerhin berichtet er mir, dass er sich selbst dort, wo *alle* nackt sind, unwohl fühlt, und die Ursache nicht intern ist. Die Ursache sind die Blicke, die auf seinen Körper gerichtet werden. Der haarlose weiße Oberkörper des Boulder-Pauls ist also nicht mit dem Oberkörper meines kurdischen Kumpels gleichzusetzen, selbst wenn sie beide cis Männer sind. Sie werden nicht gleich wahrgenommen, sie werden nicht gleich behandelt, sie haben nicht die gleichen Freiheiten. Theoretisch hätte mein Kumpel das Recht, sich dort auszuziehen, wo sich Menschen eben ausziehen dürfen, in der Praxis aber nicht wirklich.«[16] Das Oben-ohne-Privileg gilt also nicht für alle Männer gleichermaßen. Je weiter ihre Körper von der Norm abweichen, zum Beispiel auch, weil sie sehr dick oder dünn oder behindert sind, desto schwieriger ist es für sie, sich obenrum auszuziehen. An *Badeorten* aber gilt »oben ohne« für alle Männer, und zwar nicht als durch ein Privileg zugeteilte Möglichkeit, sondern als Pflicht. Denn *ins* Wasser dürfen Männer in der Regel nicht mit Bustier oder T-Shirt. Im Falle von Badeorten müssen wir uns also alle – auch Männer – klarmachen: Unsere Kleiderordnung definiert uns. Mit der aktuellen binären Auswahl – Badehose oder Bikini/Badeanzug – ist der Gang ins Schwimmbad und an den Strand damit für uns alle eine Zwangs-Genderung.

Wie sehr unsere Bademode uns in Geschlechter einteilt, wissen selbst Kinder, wie der Soziologe Kaufmann in seiner Studie zeigt. Ein Mädchen erklärt ihm im Interview feierlich, ein Bikini-Oberteil sehe eben »nach Dame aus, wie ein BH, ganz Dame«[17]. Viele Mädchen tragen bei seinen Befragungen Bikini-Oberteile in einem Alter, in dem ihre Oberkörper so flach waren wie die von Jungs. Eine Neunjährige sagt, sie wolle eben ihre Brüste nicht aller Welt zeigen. Allerdings beobachtet Kaufmann, dass sie das dann offensichtlich doch vergisst, denn sie hat während des Interviews nur eine Badehose an, er schlussfolgert: »Die Vorstellung von Scham war schneller als die Herausbildung des Automatismus der Gesten.«

Wenn aber unsere Scham für die nackte Brust erst gesellschaftlich geschaffen wird – können wir sie dann auch gesellschaftlich abschaffen? Und vor allem: Können wir das als Individuen? Zum Beispiel allein im Freibad?

Ich gehe über die Liegewiese. Noch 20 Meter bis zum Becken.

Vorwärts immer, rückwärts nimmer, denke ich. Ich möchte schließlich einfach ich sein, nicht ein Teil eines Geschlechts, ein Geschlechts-Teil. Aber so einfach ist es nicht. Selbst als weiße Frau mit einem gewöhnlichen Körper sind mir die Reaktionen der anderen nicht egal. Ich war zwar schon oft am Strand oben ohne, und oft ist es mir wirklich völlig egal, was die paar anderen von mir denken, vor allem wenn die Leute mit Romanen, Sonnenuntergang oder Fischschwärmen beschäftigt sind. Aber diesmal, hier, in meinem Freibad, mit der unklaren Rechtslage ist es mir nicht egal. Auch ich habe Jahrzehnte patriarchaler Schönheitsnormen und Verhaltenscodizes verinnerlicht. Sometimes we are heroes, sometimes we are not, sagt Roxane Gay.

Ich suche mir also, rebellisch wie ich bin, den ungefährlichsten Ort: neben einer kleinen Frauengruppe. Wir wollen die Revolution ja nicht überstürzen. Sie alle tragen natürlich Oberteil, meine Erfahrung sagt mir aber, dass es neben ihnen am angenehmsten ist. Ich lege also meine Sachen ab. Kurz darauf sitze ich auf meinem Handtuch und ziehe mir das Shirt über den Kopf. Und jetzt kommt's.

Ich trage einen Bikini und der setzt meine Brust ganz schön in Szene. So wie bei den Umliegenden. Sie tragen Neonfarben, Push-up, Rüschen, Polster, Leo-Muster, Blumenmuster, Streifen, Asymmetrien, Schnürchen, Goldverzierung. Von Verstecken keine Spur. Auch in meinem Fall: vermeintlich schlicht und schwarz, in Wirklichkeit aufwändig genäht, mit viel Halt und einer Mischung aus Balconette und sportlich, die ich bequem und ästhetisch finde.

Warum es um Nippel geht

Denn anders als man meinen könnte, geht es beim Obenohne-Verbot nicht um die Verhüllung unserer *Brüste* – wir hängen uns ja keinen Kartoffelsack drüber oder pressen alle unsere Brüste mit Bandagen ab. Es geht um die Verhüllung unserer *Nippel.* Während Typen sie heiter in Luft, Sonne, Wasser oder Bierduschen baden, müssen wir sie wegmachen, auslöschen, tilgen. Die eigentliche Brust dürfen wir – und sollen wir in richtigem Maße – drapieren, betonen, formen. Wie wir sie formen, hängt von der Mode ab, aber in der Regel heben wir die Brüste wegen des Ideals der Jugendlichkeit und Fitness eher an und machen sehr kleine Brüste eher größer und sehr große Brüste eher kompakter. Das Äußere gilt für alle, aber besonders für Frauen, »als Ausdruck der Disziplinierungsfähigkeit«, so die Ökonomin Friederike Habermann. »Wenn du gut bist, dann kannst du es auch schaffen, schlank und sportlich zu sein. Das hängt mit dem Ideal des leistungsfähigen Homo oeconomicus zusammen.«[18] Vor allem Frauen gestalten also ihre Körper – und ihre Brüste. Und zwar gern wie Skulpturen, gern mit Ausschnitten, auch den aktuellen Underboobs-Ausschnitten, die die untere Brustwölbung freilegen. Tricky, aber eben alles bis knapp *vor* die Nippel. Das ist auch beim Oben-ohne-Verbot auf Instagram und Facebook so: Meist sind Fotos von nackten Brüsten okay, wenn die *Nippel* geblurrt oder überklebt sind.

Klar ist: Der Nippel muss weg. Sogar wenn er nur als *Kontur* sichtbar ist. Wenn sich also durch das T-Shirt hindurch nur die Form der Nippel abzeichnet, während die Haut verdeckt bleibt. 2023 erschütterte Kim Kardashian das Internet, weil sie diese Regel brach. Die Influencerin und Unternehmerin promotete ihren *Nipple Bra*: ein BH mit künstlichen Verdickungen an der Spitze, die durch das Shirt hindurch den Eindruck von harten Nippeln erwecken sollen. »No matter how hot it is, you'll always look cold«, sagte Kardashian. Schon etwas vor Kardashian produzierte das Unterwäscheunternehmen *Aikyou* BHs, die mit einem hauchdünnen Stoff dafür sorgen, dass sich die echten Nippel – hart oder weich – abzeichnen. Doch diese Beispiele sind absolute Ausnahmen. Abseits von ihnen ist seit einigen Jahrzehnten das Gegenteil der Fall. BH oder Bikini-Oberteil sollen unsere Nippel auslöschen. Die italienische Zeitung *Libero* kritisierte 2019, dass die Seenotretterin Carola Rackete vor Gericht ohne BH erschien, eine »Schamlosigkeit ohne Grenzen«. Und 2021 verlangte die Gleichstellungsbeauftragte (!) einer deutschen Schule von einer Lehrerin, die keinen BH unter dem T-Shirt trug, »das erotisch aufgeladene Sekundärmerkmal ›Brust‹ nicht zu Markte (zu) tragen«.[19] Auch das Internet ist voll von Tipps, wie wir unsere Nippel-Konturen vertuschen, von Wikis bis *Vice Magazine*: dicke Oberteilstoffe oder mehrlagig durch ein Unterhemd, gemusterte Oberteile oder sehr weite, Silikon-Patches zum Aufkleben, wiederverwertbare Patches für Umweltbewusste – oder schlicht der gute Polster-BH. Auch er löscht den Nippel aus. Tot, Grabplatte drauf, Sarkophag drüber.

Über Nippel-Konturen spricht auch Comedian Judd Apatow in seiner Netflix-Show *The Return* 2017. Er erzählt auf der Bühne, wie er mit seiner Tochter alte *Friends*-Folgen guckt und ihm Jennifer Anistons Nippel auffallen. »Da gibt es sicher 390 Folgen. War das ein Ding in den 90ern? Bei jeder Folge stechen Rachels Nippel durch das Shirt. Ich dachte, ich bin verrückt, in jeder Folge. Egal ob T-Shirt oder Jeanshemd, sie kommen durch.« Daraufhin habe er mit seiner Tochter YouTube-Videos geguckt, mit musikunterlegten Collagen von Rachels Nippeln. »Wir sahen das an und hatten echt Spaß als Familie!« Auf wessen Kosten geht Apatows Anekdote? Einerseits auf Kosten seiner pubertierenden Tochter, er amüsiert sich auch über ihr Interesse für die Kardashians. Andererseits auf Kosten von Jennifer Aniston. Die musste sich im gleichen Jahr 2017 in einem *Vogue*-Interview rechtfertigen, warum ihre Nippel sich damals in den 90ern immer abgezeichnet hätten. »Ja, ich weiß nicht, was ich dazu sagen soll. Ich trage BH. Ich weiß nicht, was ich sagen soll. Und ich weiß nicht, warum ich mich schämen sollte! So sind meine Brüste. Aber, hey, oh Gott, ich werde mich nicht beschweren.« Schwer zu deuten, was sie bei der Aufmerksamkeit für ihre Nippel empfindet, um ihre schauspielerische Leistung jedenfalls ging es bei Judd Apatow nicht.

Auch eine ganze Folge der US-Serie *Lass es, Larry*, die seit dem Jahr 2000 läuft, drehte sich um die Nippel *unter* dem Shirt. Hauptfigur Larry David, gespielt von Larry David und geschrieben von Larry David, muss auf Wunsch seiner Ehefrau der Putzfrau sagen, sie möge einen BH tragen, sonst wackle es und die Nippel zeichneten sich ab. Eine ganze Folge zu Nippel-Konturen macht man nur in der Annahme, dass das Publikum damit relaten kann und es das Nippel-Auslöschen – wenn auch amüsiert – als gültige Norm wahrnimmt. Larry David richtet seinen Spott wie sonst oft in der Serie nur vordergründig gegen seine Figur und deren Unbeholfenheit. Eigentlich zielt er gegen die Figur der Ehefrau, die das Ganze verlangt: Sie ist angepasst, normiert, spießig. Spätestens da möchte ich ihm und Apatow einen Kartoffelsack überwerfen und sie, sobald sich ihre Brust doch abzeichnet, Bußgeld zahlen lassen.

Doch aktuell büßen für den Busen nur Frauen. Selbst wenn sie den Nippel verhüllen wie Christo und Jeanne Claude den Reichstag. Denn auch ein verhüllter Reichstag ist ein Reichstag. Und auch ein verhüllter Nippel ist ein Nippel. Und was ist verstörender als ein Körperteil, der viele von uns mal genährt hat? Der Nippel muss weg. Am besten mit Polster im BH – und seltsamerweise auch im Bikinioberteil. Das Bikinioberteil bleibt dann zwar nach dem Baden vollgesogen wie ein Schwamm, obwohl Bademode ja gerade ausmacht, dass sie *schnell* trocknen soll. Aber gut, der Nippel ist keine Kunst, der Nippel muss weg. Und nichts gegen Polster-BHs, ich habe auch ein paar. Wir alle sollen schließlich anziehen, was wir wollen.

Doch dass wir obenrum tragen können, was wir wollen, gelingt selten. Und eine nackte Brust kann selbst in sogenannten »liberalen Demokratien« für die Brüsteinhaberinnen bedrohlich werden. Für eine der größten Popsängerinnen der Geschichte wurde ein nackter Busen zum Wendepunkt ihrer Karriere. Für ihren beteiligten Kollegen wurde der Busen zum Boost für die Karriere. Das US-Fernsehen strahlte von da an sein größtes jährliches Fernsehereignis nicht mehr live aus. Und der Vorsitzende einer US-Elternorganisation sagte über das Ereignis *Nipplegate* aus dem Jahr 2004: »Der 1. Februar ist der 11. September des Kulturkampfes.« Was war an diesem Tag passiert?

Wie *Nipplegate* eine Karriere stagnieren ließ

Am 1. Februar 2004 sollte er stattfinden, in der Halbzeitpause des Footballspiels *Superbowl*, dem Fernsehereignis mit den regelmäßig höchsten Einschaltquoten der USA:[20] der Auftritt von Janet Jackson.

Jackson war seit dem Alter von sieben Jahren im Unterhaltungsgeschäft. Als Kind und Jugendliche tritt sie in den 90ern in der Serie *Good Times* auf und wird zum Idol für viele junge, vor allem Schwarze Frauen. Doch als erfolgreiche junge und Schwarze Frau ist Jacksons Körper von Anfang an Kritik ausgesetzt. Als Jugendliche muss sie sich für einen Auftritt die Brust abbinden, weil diese als zu groß gilt. »Ich dachte, so wie ich bin, bin ich nicht gut genug«, sagt sie. Schon als junge Frau arbeitet sie emsig. Mit 14 kriegt sie ihren ersten Plattenvertrag, mit 16 veröffentlicht sie ihr erstes Album, mit 18 ihr zweites. Vor ihrem dritten Album, *Control*, feuert sie ihren autoritären Vater und Manager und sagt: »Ich übernehme die Kontrolle über mein Leben.« Sie zeigt von da an in Musikvideos, bei Auftritten und Interviews selbstbewusst ihren Körper und ihre Sexualität. So erzählt sie zum Beispiel, dass sie ein Brustpiercing hat, lässt sich für den *Rolling Stone* oben ohne fotografieren, nur die Nippel von Händen bedeckt. Sie lotet dabei immer genau die Grenzen des aktuell Akzeptablen aus – und überschreitet sie nie. Denn sie weiß: Das konservative weiße Amerika lauert darauf, dass jemand wie sie –

Schwarz, weiblich, erfolgreich – einen Fehler macht. Ich entnehme diese Einschätzungen und Fakten vor allem den Aussagen von Journalistinnen und damals Beteiligten, deren Stimmen die *arte*-Dokumentation *Janet Jacksons Nipplegate – Die Geschichte eines Skandals* (2021) eingefangen hat.

Janet Jackson feiert in den 90er und 2000er Jahren beständig Erfolge. Doch sie agiert in einem Umfeld, das zunehmend hysterisch über Anständigkeit im Radio und Fernsehen debattiert. Christliche Fundamentalist*innen, konservative Elternorganisationen und die US-Fernsehaufsicht haben Angst, das Fernsehen verderbe die Kinder. Ihnen missfällt, dass sich Talkshowmoderatorin Ellen DeGeneres im Fernsehen als lesbisch outet. Sie finden, Fernsehsender sollten Wörter wie »fuck« zensieren. Sie stört der Musiksender *MTV* mit seinen expliziten Videos und aufsehenerregenden *Music Awards* wie dem von 2003, wo Madonna mit Britney Spears und Christina Aguilera knutscht. In dieser Stimmung soll Janet Jackson 2004 beim *Superbowl* auftreten. Ihr Album *Damita Jo* soll in wenigen Wochen erscheinen und ihr Auftritt beim größten Popmusikevent des Jahres soll den Verkauf fördern. *MTV* hatte wenige Jahre zuvor die Organisation der Halbzeitshow des *Superbowl* übernommen, und das konservative Amerika machte nun Druck auf *MTV* und den ausstrahlenden Sender *CBS*. Am meisten sorgten sie sich vor den Shows von P Diddy, Nelly und Kid Rock, die unmittelbar vor Janet Jackson auftreten sollten – Jackson hingegen galt als berechenbar. Auch die *National Football League* will seriös auftreten, sauber und familienfreundlich. Sie wollen die Show deshalb abdämpfen. So soll bei Janet Jacksons Auftritt ein Überraschungsgast kommen: ein weißer Junge aus der Boygroup *N'Sync* – Justin Timberlake. *N'Sync* waren auf einer Tour von Janet Jackson Vorband gewesen und Timberlake startete gerade seine Solokarriere. Er ist der einzige Weiße neben Kid Rock und hat sich bisher harmlos, wenn auch frech gegeben – vor allem auch im Umgang mit Janet Jackson: Als er zusammen mit einem Bandkollegen mal eine Preisrede auf Janet Jackson hielt, pries der Kollege Jacksons künstlerische Fähigkeiten, und Timberlake unterbrach ihn abgesprochen und einstudiert nach jedem Satz mit der Aussage: »... and she's hot!« So weit, so witzig.

Der 1. Februar kommt. In den Proben der Show werden vor allem die Auftritte der anderen Stars geprüft. Sind die Texte frauenfeindlich? Macht Kid Rock »Ehrverletzendes« mit einer US-Flagge? Janet Jackson soll als Haupt-Act die Halbzeitshow beenden und Timberlake als Überraschung für einen Song, »Rock Your Body«, dazukommen. Dabei soll er die Textzeile singen »Bet I'll have you naked by the end of this song« und ihr dazu passend zum Schlussakkord den Rock runterreißen, worunter sie einen Overall tragen würde. Bei den Proben missfällt allen Beteiligten dieses Vorhaben, sie entscheiden sich dagegen. Und was dann an diesem Tag bis zur Show passiert, wird vermutlich für immer unklar bleiben.

Wir wissen nur: Janet Jacksons Stylist verschwindet für einen halben Tag in mehrere Geschäfte und erwirbt einen Brustwarzenschild, das ist eine Abdeckung für den Nippel, die man am Piercing befestigen kann. Kurz vor der Show schreibt *MTV* in einer Pressemitteilung, es werde »schockierende Momente« in der Show geben. Und unmittelbar vor der Show treffen sich der Stylist, Justin Timberlake und Janet Jackson – ohne weitere Beteiligte.

Die Show beginnt und läuft gut. Keine Aufreger bei den anderen Künstlern. Dann tritt Janet Jackson auf, Timberlake kommt dazu. Ihr gemeinsamer Song läuft auf die letzten Takte zu. Timberlake steht nun seitlich hinter Jackson, während sie nach oben in den Himmel guckt. Zu den letzten Worten des Songs greift er ihr dann an die Brust und reißt ihr ein Stoffteil herunter. Ihr rechter Busen ist jetzt nackt. Abrupt senkt Jackson ihren Kopf und bedeckt ihre Brust mit der Hand. Nach einer halben Sekunde geht mit dem Schlussakkord das Bühnenlicht aus. Finale der Show.

Alle, die an der Produktion hinter der Bühne beteiligt sind, geben sich nun schockiert. *MTV* ahnt, dass der Nippel den Fernsehrat, *CBS*, die *NFL* und eine Armee an Konservativen erzürnen wird. Schwerer von Begriff ist Justin Timberlake. Er tritt kurz nach der Show im Getümmel mit keckem Blick vor die Fernsehkamera: »Das hat Spaß gemacht! Wir lieben es, euch Gesprächsstoff zu liefern.« Und als eine Reporterin zu ihm sagt: »Du warst unartig zu Miss Jackson, das war cool!«, antwortet er: »*Hey man*, davon träumt jeder Mann.« Kurz darauf muss ihm klar werden, wie viel negatives Aufsehen der Auftritt erweckt. Er sagt zu den Producern der Sendung den in sich widersprüchlichen Satz: »Das sollte nicht passieren, und ich nahm an, ihr wüsstet davon.« Und Janet Jackson?

Sie verschwindet direkt nach der Show, ebenso ihr Manager. Die Bühnenmanagerin erzählt, sie habe Janet Jackson, als diese von der Bühne kam, eine Decke gegeben und Jackson habe geweint. Andere beobachten, dass sie aufgelöst war und verärgert. Ein einziges dunkles Foto zeigt Jackson in diesem Moment hinter der Bühne: Sie geht mit gesenktem Kopf und eingesacktem Körper von der Bühne. Sie verschwindet. Nur schriftlich lässt sie später mitteilen, sie entschuldige sich bei allen, die sie verletzt habe, den Zuschauenden und bei *CBS*, *NFL* und *MTV*, die sie damit entlastet. Timberlake spricht nun in den folgenden Tagen davon, es habe eine »wardrobe malfunction« gegeben, eine »Kleiderfehlfunktion« – ein Ausdruck, den erst Timberlake prägt –, und er habe gedacht, sie würde einen BH tragen. Janet Jackson entschuldigt sich in den nächsten Tagen nochmals per Video, darin sieht die selbstbewusste Frau völlig fahl aus: träge, erschöpft, zerstört. Trotz Entschuldigungen bricht, entfacht von christlichen Organisationen, ein Entrüstungssturm über *CBS* und den Fernsehrat herein, als hätten Jackson und Timberlake auf offener Bühne Kinder oder Hundebabys geschlachtet. Der Fernsehrat nimmt Ermittlungen auf, aus Texas gibt es eine Sammelklage, die *NFL* verklagt *CBS* auf 550 Millionen Dollar Schadensersatz. Und Beteiligte an der Produktion wie die Regisseurin verlieren ihren Job.

In den Medien ist zu lesen, Janet Jackson sei »eine läufige Schlampe«, ein »Flittchen, das Aufmerksamkeit« wollte, es sei ein »Armutszeugnis für Janet Jackson, die ihre besten Jahre hinter sich hat« und mit 37 Jahren »für die Popwelt eine Oma« sei. Selbst die *New York Times*, die später an der Aufarbeitung und der *arte*-Dokumentation mitarbeitet, lässt sich damals dazu herab, Jacksons Brust als die einer »alternden Frau« zu beschreiben. *Ageism* gegen eine 37-Jährige!

Jacksons Brustpiercing deuten viele als Beweis, sie habe gewollt, dass man ihre Brust sehe. Die Möglichkeit, dass eine Frau einfach für sich ein Piercing trägt, scheint ihnen nicht denkbar. Der Chef von *CBS* verlangt von Jackson und Timberlake in den Tagen danach eine *persönliche* Entschuldigung. Timberlake macht das, Jackson nicht. Schließlich verlangt er außerdem von beiden eine Entschuldigung *vor den Fernsehkameras*, und zwar bei den Grammys, die *CBS* eine Woche nach dem Superbowl ausstrahlen wird und wo beide, seit langem geplant, einen weiteren gemeinsamen Auftritt haben sollen. Nun allerdings nur noch unter der Bedingung der Entschuldigung. Jackson entscheidet sich auch dagegen, Timberlake dafür. Entsprechend darf er auftreten, entschuldigt sich – und kriegt den Grammy. Für viele Beobachter*innen ist es der Durchbruch seiner Solo-Karriere.

Auch in den darauffolgenden Monaten wird der Vorfall weniger ihm angelastet, der ihr den Stoff doch vom Körper gerissen hat, als ihr. Auch eine geplante Gesetzesänderung zur Anstößigkeit trägt den inoffiziellen Titel »Janet-Jackson-Entwurf«. Und bei einer Anhörung von *CBS* im Repräsentantenhaus merkt nur der Schwarze Republikaner Bobby L. Rush an, dass ihn der Umgang mit dem Thema daran erinnere, wie auch sonst mit Schwarzen Menschen und insbesondere Schwarzen Frauen umgegangen würde. Und während Timberlakes Karriere durchstartet, stagniert Jacksons Karriere. Sie landet für die nächsten Wochen und Monate auf einer sogenannten *black list* – ja, unsere Gesellschaft assoziiert Schwarz oftmals mit Ächtung –, Radiosender und Fernsehsender spielen sie nicht mehr, um konservatives Publikum nicht zu vergraulen, und Hollywood zieht eine Filmrolle für Janet Jackson zurück. Sogar Disneyland reißt eine Micky-Mouse-Statue im Janet-Jackson-Outfit ab. Und in der Folge verkauft sich ihr Album *Damita Jo* schlechter als erwartet.

Der Umgang mit *Nipplegate* habe auch damit zu tun, dass sie eine Schwarze Frau ist und er ein weißer Mann, sagt Shannon Holland, Autorin von *The »Offending« Breast of Janet Jackson*: »Das geht zurück bis in die Zeit vor dem Bürgerkrieg. Schwarze Körper, besonders weibliche Schwarze Körper werden entmenschlicht und zur Ware gemacht. Wenn man sie als Vieh ansieht, sind sie schlicht Schwarze Körper, an denen keine Verbrechen begangen werden können.«[21] Als Jackson später trotzdem versucht, ihre Musik weiter zu bewerben, wie in der Late-Night-Show von David Letterman, wird sie *Nipplegate* nicht los. Letterman fragt sie vor Publikum und Kameras, ob sie gewollt habe, dass man ihre Brust sehe. Sie sagt: »Sie zwingen mich dazu, das nochmal zu durchleben, ich möchte das hinter mir lassen.« – »Ich nicht«, antwortet Letterman. Sie bittet ihn erneut, über etwas anderes zu reden. Er antwortet: »Ich bin nicht sicher, ob das Publikum genug davon hat.« Janet Jackson guckt zu Boden.

»Das Tragische ist, dass alles, was Jackson sich erarbeitet hatte, ihr in diesem Moment genommen wurde, von diesem weißen Mann«, sagt Jenna Wortham, Reporterin der *New York Times* in der *arte*-Dokumentation über Jackson und Timberlake. »Die Buße, die erwartet wurde, die Entschuldigungen, die erwartet wurden, ich weiß nicht, ob sie genug Entschuldigungen hätte abgeben können, um die Empörung zu beenden.« Was Jackson bei dem Auftritt wollte, was nicht, ist unklar. Sie guckt auf den Aufnahmen erschrocken, als sie sieht, wie ihre Brust komplett nackt herausguckt. Vielleicht hat sie erst in dem Moment realisiert, was für einen Affront das darstellen würde. Vielleicht war auch anderes vereinbart. Erst Jahre später erklärt sie bei *Oprah Winfrey*, es sei ein Fehler gewesen, sich zu entschuldigen, und erntet dafür tosenden Applaus. Justin Timberlake macht nach dem Auftritt gelegentlich witzig gemeinte Andeutungen zur »Halbzeit«. 2018 wird er der Haupt-Act der *Superbowl*-Halbzeitshow. Viele Jahre nach *Nipplegate* zeigt er Verständnis und Reue. Er sagt, ihm seien damals nur 10 Prozent der Schuld angelastet worden. Er entschuldigt sich in einem Statement bei Janet Jackson (und außerdem bei Britney Spears) und erklärt, er habe von einem System profitiert, das Sexismus und Rassismus billige. Und der Vorsitzende des Fernsehrats sagt 2021, die Reaktionen seien damals überzogen gewesen. Er und Timberlake haben also ihre Haltung überdacht. Das ändert im Nachhinein nichts daran, dass von einer mutmaßlich gemeinsamen Handlung, in der es um die Nacktheit einer weiblichen Brust ging, der weiße Mann profitierte und die Schwarze Frau dafür büßte.

An Janet Jacksons Nippel hing nicht nur ein Piercing, sondern ihre ganze Karriere. Wäre sie ein Mann gewesen, hätte sie ohne Weiteres Nippel zeigen können. Und wäre sie weiß gewesen, wären die Urteile möglicherweise milder ausgefallen. Belegen lässt sich das in ihrem konkreten Fall nicht, aber nicht-weiße *und* nicht-männliche Körper werden in der Regel besonders kontrolliert und gezähmt. Und je mehr Stigma – als Schwarz, of Color, queer, weiblich, behindert, deklassiert, lesbisch, bi, alt oder dick –, desto größer die Kontrolle über unsere Körper.

Anders als Janet Jackson riskiere ich nicht meine Karriere, mit meinem Versuch, eine kommunale deutsche Badeordnung herauszufordern. Verglichen mit den Reaktionen auf Jacksons (und Timberlakes) Nipplegate *droht mir maximal das Risiko, belästigt oder rausgeworfen zu werden. Und dennoch: Wir alle sollen ausziehen, was wir wollen – und das mache ich jetzt. Ich greife links und rechts um meinen Rücken zum Verschluss hinten. Revolution ist ein Geisteszustand, denke ich. Und ein Bikiniverschluss ist ein Spielverderber, merke ich. Es hakt. Ich nestele. Egal. Kein Aufstand war je elegant. Dann endlich, klack, ist er auf, und ich ziehe das Oberteil nach vorne und lege es wahnsinnig beiläufig aufs Handtuch.*

Auch sonst muss ich jetzt weiter die Spielregeln beachten, die Kaufmann in seiner Studie beschreibt: Wir wollen uns zeigen, dürfen uns aber nicht zu sehr zeigen. Beim Ausziehen am Strand gilt laut Kaufmanns Beobachtung »Diskretion und Schnelligkeit (aber ohne Hast, die von Geniertheit zeugen könnte), lockere Zurückhaltung in den Bewegungen, um sich vor dem Verdacht des Exhibitionismus zu schützen, Zurückhaltung, in der sich jedoch eine Sicherheit der Gesten ausdrückt, die von Ungezwungenheit und Natürlichkeit zeugt«.[22] *Eine Befragte sagt in der Studie: »Man sollte nicht provokant sein, alles hängt von der Art und Weise ab, wie man es tut.« Möglichst nicht eincremen, vor allem nicht am Busen.*[23] *Oder nur sehr schnell und ruckartig, damit es nicht aufreizend wirkt.*

So mache ich das, ganz ruckartig-lässig, und wappne mich innerlich für meinen Weg ans Wasser. Dort will ich gleich oben ohne Bahnen schwimmen. Wie reagieren die anderen Badegäste? Kann ich allein die Normen einer Gesell-

*schaft ändern? Kann ich Jahrzehnte patriarchaler Beschämung jetzt einfach ignorieren und überwinden? Aus dem Augenwinkel sehe ich, wie sich eine Jungsgruppe hinter mir niederlässt. Ich habe den Eindruck, das ganze Schwimmbad guckt. Da ich aber ja nicht gucken kann, ob alle gucken, weil ich mich ja ganz natürlich verhalten muss, weiß ich es nicht. Vermutlich guckt ganz München. Vermutlich guckt der ganze Flugraum über mir. Vermutlich guckt das ganze Universum. Und vielleicht blicken Millionen Lichtjahre entfernte Bewohner*innen von einem anderen Planeten aus in den Himmel und sehen ein Leuchten: das Aufblitzen einer sehr blassen Brust auf dem Planeten Erde, das längst erloschen ist.*

Da reißt mich der Anblick eines Mannes mit Trillerpfeife aus meinen Gedanken. Da ist er. Am Beckenrand. Jung, weiß – und der tatsächliche Endboss statt der Kassiererin: der Bademeister. Ich richte mich auf, um zum Becken zu gehen. Wird er eine Badehose in meinem Fall als angemessen bewerten?

Auch nach dem Superbowl 2004 feiert Janet Jackson ihren Körper, wie hier in der Fotostrecke zum Album *Damita Jo*. Es erscheint acht Wochen nach *Nipplegate* – und verkauft sich schlechter als erwartet. Denn das weiße Amerika lässt die Schwarze Künstlerin für ihre nackte Brust büßen.

While we're allowed to see murder, violence and war on every channel, Janet Jackson's nipple slips, and it becomes the fucking crime of the century. FILM *FREE THE NIPPLE*, 2014[1]

#freethenipple vs. Vielfachkrise

Gibt es nicht Wichtigeres als nackte Brüste?

Ich bin auf meinem Revolutionszug durch den Städtischen Bäderbetrieb. Und ich möchte meinen Bewegungsradius austesten.

Auf dem Handtuch auf der Wiese bin ich bereits oben ohne, aber gut, das ist auch erlaubt. Das größere Ding ist: zum Becken und dann ins Wasser. Ich mache das hier aus Trotz und auch aus Lust. Ich möchte die Luft auf meiner Haut spüren, meine Brüste einfach sein lassen, ohne Zuschreibungen. Und wer sagt schon, dass meine Brüste weiblich sind? Vielleicht haben sie das Pronomen »they«.

Ich greife entschieden zu meiner Sonnenbrille, um sie abzulegen. Sometimes we are heroes. ... Oder? Plötzlich bleibt ein vorübergehendes Mädchen mit seinem Blick an meiner Brust hängen. Ihre Augen weiten sich, dann guckt sie schnell weg, denkt nach, beschleunigt ihren Schritt und rennt schließlich weg. An ihrem Liegeplatz tuschelt sie aufgeregt einem anderen Mädchen etwas ins Ohr. Die beiden sind vielleicht neun oder zehn. Die Zweite dreht sich jetzt zu mir, so unauffällig, wie das eine Neunjährige kann: steif und in Zeitlupe, ich kann das durch meine Sonnenbrille sehen. Sie erschrickt, erneut tuscheln die beiden und dann drehen sie sich zu mir und gehen steif nebeneinander in meine Richtung. An ihrem Winkel erkenne ich, dass sie knapp an mir vorbeigehen wollen. Sie schweigen und grinsen. Bis sie auf meiner Höhe sind, da gucken sie nur »unauffällig« seitlich zu mir. Als sie zwei Meter vor mir sind, reicht es mir.

»Buh!«, rufe ich. Sie reißen die Köpfe zu mir. Dann gucken sie abrupt wieder in die Ferne, ihre Schritte werden schneller, sie laufen weg.

Ich erschrecke etwas vor mir. Die Mädchen sind ja nun wirklich nicht meine Gegnerinnen. Sie können ja nichts dafür, dass sie den Anblick einer nackten Frauenbrust nicht gewohnt sind. Aber ich wollte in diesem Moment nicht mehr nur Objekt sein, sondern Handlungsmacht haben. Ich merkte, ich war für sie faszinierend, aber auch befremdlich und abstoßend. Und das nervte mich, auch wenn sie natürlich der falsche Adressat meiner Enttäuschung sind.

Doch meine Handlungsmacht hält nicht lange an. Auch die Jungsgruppe hinter mir tuschelt jetzt und gluckst. Sie sind jugendlich und haben sicher etliche Pornos gesehen, aber offenbar noch nie eine Brust ohne sexuellen Kontext. Sie fummeln an ihren Handys rum. Machen sie Fotos? Ich will ihnen das nicht fälschlicherweise vorwerfen – Jugendliche fummeln immer an ihren Handys rum –, ich sage nichts. Doch mein Nacken ist jetzt steif, ich bin gestresst und will keine Bilder von mir in Klassenchats und dem Restinternet. Aber was mache ich mit meinen Brüsten? Ich kann sie ja nicht einfach aufessen.

Ich will raus aus der Situation, denn ich fühle mich verletzlich. Sometimes we are heroes, sometimes we are NOT. Ich drehe mich zu meinem Bikinioberteil auf der Matte – und ziehe es wieder an.

Wow. Ich wollte oben ohne Bahnen schwimmen, aber ich bekam es mit einer Gruppe 15-Jähriger zu tun. Ich wollte Gleichberechtigung, aber erschrak vor tuschelnden Mädchen. Ich wollte nur oben ohne baden, aber schiebe einen Film, als läge ich im Schützengraben. Typen hingegen liegen hier oben ohne rum und sinnieren währenddessen über ihren nächsten Urlaub, ihre Aktienkurse oder ob es noch zu früh für ein Bier ist.

Ich fasse einen letzten Entschluss: angezogen ins Wasser

und unter Wasser ausziehen. Lässt mich der Endboss mit der Trillerpfeife in Ruhe?

Oben ohne in einem deutschen Schwimmbad? Das ist – abgesehen vom Risiko, belästigt oder rausgeworfen zu werden – natürlich harmlos. Vor allem verglichen mit historischen Kämpfen. Immer wieder in der Geschichte gehen vor allem Frauen selbstbewusst und selbstbestimmt mit ihrem Körper und seiner Verhüllung und Enthüllung um. Von Musiker*innen wie Janet Jackson, Madonna oder Lady Gaga, die ihre Körper in Szene setzten, wie sie wollten, über Künstlerinnen wie VALIE EXPORT oder Louise Bourgeois, die ihre Nacktheit zum Thema und sich damit vom Objekt zum Subjekt machten. Weiter über Aktivist*innen in Afghanistan oder Iran, die ihre Freiheit und ihr Leben riskieren, wenn sie Teile ihrer weiblichen oder queeren Körper zeigen, die nicht als angemessen gelten. Bis zurück zu den frühen Hosenträgerinnen, die sich entgegen der herrschenden Moral für einen eng anliegenden praktischen zweibeinigen Schnitt entschieden, also insbesondere Arbeiterinnen in den Fabriken während der beiden Weltkriege, oder auch die Kindergärtnerin Helen Hulick, die 1938 in den USA fürs Hosentragen inhaftiert wurde. Ohne sie alle wären wir heute nicht an dem Punkt unserer Enthüllungs-Geschichte. Und ihretwegen riskieren wir heute beim Thema »oben ohne« in den meisten europäischen Rechtsordnungen nicht mehr Haft, Karriere oder Leben – wohl aber eben noch sexualisierte Gewalt, Geldstrafen und, über Platzverweise, faktische Bewegungseinschränkung. Wir haben aber natürlich in Geschlechterfragen auch andere, auf den ersten Blick wichtigere Anliegen: gleiche Löhne, gerechte Arbeitsteilung, Gewaltprävention – schließlich sterben in der EU jedes Jahr rund 6500 Frauen durch Partner oder männliche Familienmitglieder.[2] Ist der Fokus auf unsere nackten Brüste also verfehlt? Gibt es nicht Wichtigeres als nackte Nippel? Ist »oben ohne« eine Detailkritik, die wir angehen sollten, wenn alles andere gelöst ist, wenn wir das gute Leben erreicht haben oder zumindest kurz davor sind? Sind angesichts der Weltlage unsere Nippel Nippes?

Diese Frage stelle nicht nur ich mir. Als der Soziologe Jean-Claude Kaufmann und sein Team für ihre Studie *Frauenkörper – Männerblicke* mit Aufnahmegeräten am französischen Strand ankommen, sind die Badegäste irritiert bis amüsiert. »Oben ohne« sei doch keine Forschungsfrage. »Sie haben doch fetzigere und interessantere Themen, das Oben-Ohne ist den Leuten völlig gleichgültig«, sagt eine Frau. »Ich sehe nicht ein, bis zu welchem Punkt man es überhaupt in der Tiefe analysieren sollte, schließlich ist es etwas Natürliches«, meint eine weitere Frau. Kaufmann fragt demnach einleitend in seiner Studie: »War das also ein Irrtum?« Die Relevanz des Themas steht für viele in Frage. 2023 schreibt auch die feministische Autorin Marlen Hobrack im *Freitag,* »Oben ohne für alle« sei »nicht die Befreiung der Frau«.[3] Sie vermutet, wir könnten die weibliche Brust nicht entsexualisieren, denn sie sei evolutionär bedingt erotisch, »die Faszination der Mutterbrust oder so«. Tatsächlich ist das eine gute Frage, mit der ich mich im vorletzten Kapitel beschäftige: War die weiblich gelesene Brust schon immer erotisch? Die wichtigere Frage von Hobrack ist für den Moment aber: Ist der Kampf für »oben ohne« nur ein »weiteres Beispiel für einen First-World-Feminismus, der an echten Gerechtigkeitsfragen vorbeidiskutiert«? Laut Hobrack ja, die Nippelfreiheit sei ihr so wichtig wie »die Tamponsteuer«, das meint: egal. Was sie und die Badenden am französischen Strand sagen, kenne ich. Auch mir legen einige Männer und wenige Frauen nahe, dass sie das Thema für sehr spezifisch und klein halten. Es scheint für sie von homöopathisch dosiertem Interesse zu sein. Manche meinen, ich solle mich lieber weiter großen gesellschaftlichen Fragen widmen, wie in meinem vorherigen Buch über die Suche nach einer neuen linken Erzählung. Eine Wendung von der großen Erzählung zum kleinen Nippel erscheint manchen meiner Bekannten bedauerlich, Nippel nahezu irrelevant. Sie sind natürlich so klug, nicht zu sagen, es sei gänzlich unwichtig oder ein »Frauenthema«, aber Enthusiasmus sieht anders aus. Natürlich sind sie fast alle *für* »oben ohne für alle« und wissen, wie wichtig die Kämpfe um körperliche Selbstbestimmung generell sind, also Abtreiben, Verhüten und geschlechtsangleichende Operationen. Sie wissen auch, dass es beim Kampf ums Hosentragen nicht nur um Beinfreiheit und Praktikabilität ging, sondern um symbolische Freiheit und Gleichheit. Sie wissen all das, sie finden nur die eine Frage um die Nippelfreiheit und -gleichheit nicht so wichtig.

Gibt es also Wichtigeres als Nippelfreiheit?

Ja. Gibt es. Solange wir auf diesem Planeten Kriege, Hunger, Gewalt, Flucht und Klimakatastrophen haben, gibt es Wichtigeres als Nippel. Solange wir auch im verhältnismäßig reichen Europa Armut, Rechtsextremismus und Gewalt gegen marginalisierte Gruppen haben, gibt es Wichtigeres. Im Angesicht existenzieller Vielfachkrisen sind Nippel nicht der Nabel der Welt. Und ja, solange es den Gender Pay Gap gibt, Gewalt gegen Frauen und Queere, jeden dritten Tag einen Femizid in der Bundesrepublik, Diskussionen über Abtreibungsrechte, ist »Free the Nipple« nicht die wichtigste Forderung. Das Ende des Männernippel-Privilegs ist keine Lösung all unserer Probleme und Krisen. Mutmaßlich würden Frauen und queere Menschen, selbst wenn wir alle Nippel befreit haben, noch häusliche Gewalt erleben, ungleiche Löhne, ungleiche Arbeiten und ungleiche Preise beim Friseur. Doch

»Gleiche Brust für alle« hinterfragt die Geschlechterhierarchie und die binäre Ordnung, die zentral für rechte Erzählungen sind und Frauen und Queere faktisch und symbolisch unterordnen.

Zunächst zum Faktischen: Auf der Hand liegt, dass ein solches Verbot unser Handeln einschränkt, unseren Willen. Also das Handeln und den Willen von uns Frauen, queeren Menschen, insbesondere mehrfach Diskriminierten. Über unsere Körper bestimmen in dieser Frage andere, über den männlich gelesenen Körper bestimmt die Person selbst, vor allem wenn sie ein weißer cis Mann ist. Weiblich gelesene Menschen hingegen müssen sich verhüllen, riskieren für ihre entblößten Körper finanzielle Einbußen, Platzverweise, Ausgrenzung und Gewalt, während Männer in der Regel nichts riskieren. Ihre Nippel sind frei, unsere Nippel haben Ausgangssperre. Und nicht-binäre Menschen schließt die binäre Kleiderordnung – Männerbrüste zeigbar, Frauenbrüste nicht – gänzlich aus. Die Einteilung ist wie so oft willkürlich: Denn ob unter Shorts ein Penis oder eine Vulva ist, ist oft unklar. Auch eine Wölbung der Brust sagt nichts über das Geschlecht aus, auch ältere, sportliche, pubertierende, dickere oder drogenkonsumierende Männer haben häufig Wölbungen, weil sich bei ihnen vermehrt Testosteron in Östradiol wandelt, jeder zweite Mann ist in seinem Leben mal davon betroffen. Und selbst die Behaarung verrät unser Geschlecht nicht, es gibt Männer ohne Bart und Frauen mit Bart. Wer trans oder inter oder nicht-binär ist, muss sich durch das männliche Oben-ohne-Privileg zwangskategorisieren. Queere Menschen und weibliche Menschen erleben also ganz *faktisch* eine Freiheitseinschränkung.

Doch neben dieser faktischen Freiheitseinschränkung wirkt das Oben-ohne-Verbot für weiblich gelesene Menschen auch *symbolisch*. Und das ist zentral für unsere Gesellschaftsordnung. Denn es gibt keine faktische Macht ohne symbolische Macht. Faktische Macht im Sinne von

Entscheidungshoheit, Ressourcen und Gewalthoheit fußt auf Symbolen, Bildern und Erzählungen. Sie sprechen den Machthabenden ihre Macht erst zu. Vor allem wenn die Macht nicht ausschließlich gewaltvoll aufrechterhalten werden soll, braucht es eine symbolische Ordnung. Denn die wirkt subtiler. Und um eine solche symbolische Ordnung handelt es sich bei unserer Kleiderordnung. In manchen Fällen ist uns das völlig klar, im Falle von ökonomischen Klassen beispielsweise wissen wir, »Kleider machen Leute«. Monarchie, Adel und Bürgertum drücken ihre Überlegenheit durch Kleiderwahl aus. Auch religiöse und militärische Autorität entsteht durch Uniformen. Das Oben- ohne-Verbot für Frauen aber halten wir für so natürlich, dass wir die symbolische Ordnung darin nicht sofort sehen. Meine Güte, der eine Körper ist halt nackt, der andere nicht – was soll's? Dabei unterliegen das Oben-ohne-Privileg und die damit einhergehenden sehr kontrollierten Ausnahmen, zu denen »oben ohne« für Frauen zulässig ist, einer strengen Kontrolle: extern wie internalisiert. »Das Entfernen des Bikini-Oberteils ist keine einfache, natürliche und problemlose Geste, sondern reiht sich in einen historischen Prozeß und ein Set von äußerst ausgefeilten Verhaltensregeln ein, die definieren, wer wozu das Recht hat und warum«, schreibt der Soziologe Kaufmann in der Einleitung der Studie *Frauenkörper – Männerblicke*.[4] Und er fügt hinzu: »Der Leser soll gewarnt sein: von dem Moment an, an dem er sich der Spielregeln bewußt wird, wird der Strand nie wieder das sein können, was er war. Der Leser riskiert, für immer die naive Ruhe zu verlieren, an die er sich gewöhnt hat. Das ist der Preis, den man für das Verstehen der Dinge bezahlt. (…) Ob Mann oder Frau, sein Blick auf das andere Geschlecht könnte sich weit über den Strand hinaus verändern.« Denn die Analyse der Oben-ohne-Regeln zeigt, wer welche Rolle in unserer Gesellschaft einnimmt.

Und wenn eine Frau – anders als ein Mann – nicht selbst entscheidet, ob sie sich auszieht, sondern Badepersonal, Gastwirte, Sicherheitsdienste oder Polizei, dann schreiben wir dieser Frau einen niedereren Rang zu. Ein Oben-ohne-Verbot, das nicht für alle gilt, fördert die Vorstellung, einer Menschengruppe stünden auf »natürliche Weise« mehr Freiheiten zu als den anderen. Diese Gruppe kriegt damit faktische und symbolische Macht. Der eine Körper ist Subjekt, der andere Körper ist Objekt. Der eine Körper verfügt, der andere Körper gehorcht. Diese Hierarchie ist zentral für viele weitere Hierarchien. Die Germanistin und Theologin Ina Praetorius analysiert in ihren Publikationen, wie Philosophen, Bibelverfasser und Lehrbücher über Jahrhunderte unsere Welt erzählerisch in zwei Sphären geteilt haben. In der einen Sphäre *Herrschaft, Männer, Politik, Geld, Markt, Vernunft, Öffentlichkeit.* In der anderen Sphäre *Frauen, Kolonisierte, Beherrschte, Soziales, Haushalt, Abhängigkeit, Liebe, Privates, Natur.*[5] In diesem dichotomen Weltbild sind die einen die Kontrollierenden, die anderen die Kontrollierten.

Und diese Schieflage in körperlicher Selbstbestimmung strahlt weit über das Thema Nacktheit hinaus. Wenn wir nicht selber entscheiden, ob wir uns *aus*ziehen, steht in Frage, ob wir entscheiden dürfen, dass wir *an*gezogen bleiben wollen – eine muslimische Frau fühlte sich 2016 am Strand von Nizza, wo ein (später wieder zurückgenommenes) Burkini-Verbot galt, von Polizisten genötigt, ihr langärmliges Oberteil auszuziehen.[6] Wenn wir über unsere Nacktheit nicht selbst entscheiden, stellt sich die Frage, ob es unseres Einverständnisses in körperlichen Fragen überhaupt bedarf, oder ob andere uns die Kleider auch vom Leib reißen können. Wenn unser nackter Oberkörper als exhibitionistisch ausgelegt werden kann, stellt sich die Frage, ob unser Verhalten nicht generell *ausgelegt* werden kann, also zum Beispiel ein »Nein« als »Ja«. Wenn wir ein »öffentliches Ärgernis« darstellen, stellt sich die Frage, ob nicht andere uns für unsere Zügellosigkeit ärgern dürfen.

Jede dritte Frau in Deutschland erfährt laut Dunkelfeldstudien mindestens einmal in ihrem Leben Gewalt. Oft geschehen diese Taten, weil die Täter denken, dass sie über die Frau verfügen können. Oft wollen sie mit Erniedrigung ihre Macht aufrechterhalten oder herstellen. Diese Idee der *male supremacy* braucht eine hierarchisch verfasste Zweigeschlechtlichkeit, und diese hierarchisch verfasste Zweigeschlechtlichkeit braucht Symbole. Das Oben-ohne-Verbot für Frauen ist ein solches Symbol. Und die Kraft dieses Symbols geht sogar über körperliche Fragen hinaus. Wenn wir die Freiheit einer Gruppe in *einer* Angelegenheit einschränken, liegt es nahe, dass wir sie auch in *anderen* Angelegenheiten einschränken können. Wenn sie nicht mal über ihren Körper bestimmt, das Existenziellste überhaupt, dann steht in Frage, ob sie in anderen Lebensbereichen selbst bestimmen sollte, was sie macht, ob sie arbeiten darf oder wählen.

Das Oben-ohne-Verbot für weiblich gelesene Nippel macht ein Gefälle klar. Es ist wie bei fast allen nicht-gephotoshopten Brüsten: Eine Seite hat immer mehr als die andere! Deswegen reagieren die meisten Frauen und nichtbinären Menschen in meinem Umfeld mit Wut und Empörung beim Thema »oben ohne«. Sie erleben es – auch wenn viele Typen unbewusst handeln – als patriarchale Geste, wenn der Typ oben ohne im Skatepark sitzt. Wenn er oben ohne neben ihnen auf der Matte Yoga macht. Wenn er oben ohne im Biergarten sitzt, während sie ihr Shirt nicht mal zum Stillen hochziehen kann. Wenn der Beziehungspartner bei Hitze halbnackt auf dem Balkon sitzt, sie angezogen bleiben muss, damit sie keine Anzeige von den Nachbarn kriegt. Bikini, Burkini, Kopftuch, Hose: Unsere gesellschaftliche Ordnung zeigt und manifestiert sich darin, ob alle Gesellschaftsgruppen gleichermaßen frei sind, ihre Körper zu verhüllen oder zu enthüllen. Kleider zeigen also nicht nur an, wem die Macht gebührt. Kleider tragen auch selbst zum Machtgefälle bei, weil sie es verfestigen und reproduzieren.

Ich stehe im Freibad von meinem Liegeplatz auf. If I can't swim topless, it's not my revolution, denke ich. Aber schaffe ich es, ein paar Bahnen zu ziehen – nur in Badehose? Mir waren ja schon die Blicke von ein paar Jugendlichen zu viel, weswegen ich jetzt mit Bikini-Oberteil an den Beckenrand gehe – um mich unter Wasser auszuziehen.

Noch zehn Meter bis zum Becken. Komm jetzt! Nicht jede Errungenschaft wird auf der Straße erstritten, manche auch im Freibad!

Ich trete ins Wasser, schwimme eine halbe Bahn – und löse dann tatsächlich endlich unter Wasser mein Oberteil.

Hach.

Meine Brüste sind jetzt frei wie die der Typen. Sie werden ganz leicht und beginnen zu schweben.

Ich fühle mich gleichrangig und nicht gegendert, ebenbürtig. Das Wasser schützt mich aber natürlich auch vor den Blicken.

Ich ziehe eine erste Bahn.

Ich vermute, dass die Leute mit Taucherbrille irritiert sind. Aber egal.

Ich ziehe eine zweite Bahn.

Als ich mit dem Kopf auftauche, um Luft zu holen, höre ich eine Stimme. Ich tauche ab und wieder auf. Wieder eine Stimme, ich nehme ein »Entschuldigung« wahr. Ich gucke zum Beckenrand und sehe den Endboss, seinen Körper zu mir gewandt. Scheiße.

Ich halte mit meinen Schwimmbewegungen inne, strample auf der Stelle und gucke den Bademeister an. Er guckt mich an.

»Sie müssen sich bitte Ihr Oberteil anziehen.«

Mein Herz sackt mir in die Badehose. Ich strample. Was sage ich jetzt? Ein paar andere Badegäste sind in Hörweite, schwimmen aber weiter, als wollten sie mit mir nichts zu tun haben. Diese seltsame Frau. Ich fühle mich nackt. Und ich bin es ja auch. Bis eben war ich Teil einer anonymen Badegäste-Masse, jetzt bin ich sichtbar. Dabei hab ich nicht um Hilfe gerufen, war nicht am Ertrinken, bin nicht vom Beckenrand gesprungen und hab dabei Spülmittel ins Wasser geschüttet, damit es schön schäumt. Nein.

Ich war einfach nur in Badehose schwimmen wie die Männer hier.

Herausgestellt werde ich durch das Aufsehen, dass der Bademeister erregt – wenn auch höflich.

»Das geht hier nicht«, sagt er, als wüsste ich nicht, was er meint.

»Okay, warum?«, sage ich, um Zeit zu schinden.

Er guckt verdutzt. »Weil das nicht erlaubt ist.«

Ich weise auf einen Mann in meiner Nähe: »Aber der ist auch oben ohne.«

Der Bademeister runzelt die Stirn und schüttelt den Kopf. »Ja, aber das ist ein Mann.«

»Ja, und?«, sage ich.

»Ja, Sie sind eine Frau.«

Woran will er das festmachen?, denke ich. Aber die Diskussion scheint mir hier zu weit zu führen. Außerdem fühle ich mich zunehmend machtlos. Ich werde einfach eingeordnet. Ich sage nur: »Ja, aber es ist Quatsch, das unterschiedlich zu behandeln.« Jetzt wird er leise und zum erklärenden Kümmerer, denn er denkt wohl, er müsse mir auf die Sprünge helfen, weil ich schwer von Begriff sei oder mit den Bräuchen nicht vertraut.

»Ja, aber Sie belästigen vielleicht die Leute. Und hier sind ja auch Kinder.«

Das will ich nicht. Also, ich will gegen das System protestieren, aber doch nicht einzelne Kinder hier verstören. In der Theorie weiß ich, dass das ungerecht ist und dass die anderen sich daran gewöhnen müssten, aber ich hab plötzlich den Eindruck, als würden meine blassen Brüste andere anschreien: »Guckt mich an!« Ich fühle mich, als wäre ich aussätzig.

Das bin ich nicht, aber ich kann ja jetzt nicht hier allein von einer Sekunde auf die andere das Schamempfinden einer ganzen Gesellschaft ändern. Und mein eigenes Schamempfinden. Ich schwimme langsam und wie ferngesteuert zum Beckenrand, wo mein Bikinioberteil liegt. Ich will andere nicht belästigen. Aber ich will auch aus Prinzip nicht gehorchen.

Verdammte Axt. Was jetzt tun? Ich will schreien. Doch ich greife zu meinem Oberteil und versuche im tiefen Wasser strampelnd, es hinten zu verhaken. So sieht wohl ein gescheiterter Aufstand aus. Strampeln, nesteln und nach Luft japsen.

Der Bademeister nickt und geht. Erledigt. Für ihn. Alles geklärt.

Ich verlasse im kompletten Bikini das Becken und dann ganz angezogen das Bad.

Die nächsten Stunden bin ich wie versteinert, dabei rase ich innerlich. Eine Schockstarre. Ich fühle mich ohnmächtig, weil ich im Gegensatz zu den Oben-ohne-Typen hier gemaßregelt wurde.

Ich schäme mich auf widersprüchliche Weise. Zum einen, weil mein Körper als beschämend und möglicherweise belästigend gedeutet wurde. Zum anderen, weil ich nicht standhaft genug war. Ich ärgere mich, dass ich gehorcht habe.

Später, mit der neuen Rechtslage in einigen wenigen Städten, würde ich es anders machen, aber jetzt in diesem Moment wirkt das jahrhundertealte Patriarchat in mir.

Zuhause twittere ich über den Vorfall und frage in dem Tweet die Stadt München, wie das gehandhabt werde. Für die Isar war wenige Wochen zuvor »oben ohne« vom Stadtrat erlaubt worden. Sicherheitsleute hatten nämlich Frauen angewiesen, ein Oberteil anzuziehen, obwohl München, ähnlich wie Berlin, schon Anfang des 20. Jahrhunderts eine kleine und ab den 70ern eine größere und bekannte Nacktbadetradition am Fluss hat.

Doch sieht die Stadt München das für Freibäder ähnlich liberal?

Wenige Tage später steht in der Münchner Boulevard-Presse mit Bezug auf meinen Tweet: »Nackerten-Wirbel in München« und »Barbusig in Freibädern planschen?« Auf Anfrage erklärt der Sprecher der Stadtwerke München in den Artikeln nochmal: »Das Sonnen oben ohne ist erlaubt, das Schwimmen nicht.«[7] Wenige Tage danach beantragt die Grüne Stadtratsfraktion, dass in Städtischen Schwimmbädern für alle Geschlechter eine Badehose ausreichen solle. Der damalige Grünen-Chef Florian Roth sagt: »Es braucht endlich Rechtsklarheit. Wir möchten gerne, dass noch diesen Sommer ein für alle Mal geklärt wird, dass im städtischen Einflussbereich dieselben Regeln für alle Menschen gelten. Eine Badehose muss mit. Der Rest ist dann eine Frage der Mode und sollte jedem und jeder selbst überlassen bleiben.«

Am 7. August 2019, also gute zwei Wochen nach meinem Tweet, stimmt der Münchner Stadtrat ab.

Gegen »oben ohne«.

Mit den Stimmen von SPD und CSU wird der Antrag der Grünen abgelehnt, die Linke fehlt an diesem Tag, denn es sei »Feriensenat«.

Als ich das Ergebnis lese, versteinere ich wieder über Stunden. Erst später mit etwas Abstand frage ich mich: Warum ist es am Fluss okay, im Freibad nicht? Am Fluss ist Wiese, im Freibad ist Wiese. Am Fluss sind Bäume, im Freibad sind Bäume. Am Fluss sind Kinder, im Freibad sind Kinder. Der einzige Unterschied ist: Der Fluss ist ein fließendes Gewässer, ein Freibadbecken ist ein stehendes Gewässer. Denken die Stadträte »Uh, stehendes Gewässer! Das ist gefährlich! Das ist wie beim Vaginalpilz, das überträgt sich. Wenn da eine oben ohne reingeht, sind am Ende alle oben ohne!«? Oder denken sie eher juristisch? Vielleicht könnte ich ihnen vorschlagen, die Freibadbecken mit Flusswasser zu füllen, dann würde ich quasi in der Isar baden. Oder ich stelle einen Antrag ans bayerische Bauministerium: auf Umleitung der örtlichen Flüsse durch die anliegenden Schwimmbäder.

Kein Plan. Ich bin enttäuscht.

Erst vier Jahre später wird der Münchner Stadtrat entscheiden, »oben ohne« für alle auch in Freibädern zuzulassen. Die SPD wird sich auf die Fahnen schreiben, dass sie für »oben ohne für alle« gestimmt habe. Doch 2019, bei meinem Fall, meint SPD-Stadtrat Christian Vorländer noch, das bisherige System laufe seit Jahren und funktioniere. Und CSU-Stadträtin Alexandra Gassmann meint 2019: »Eine Regelung ist nicht nötig. Man sollte dem Personal vor Ort vertrauen.«

Überregional nahm damals ein konservativer Blog meinen Fall auf, *Tichys Einblick*. Der entsprechende Blog-Artikel stellte die Frage, »wie die sympathische Oben-ohne-Journalistin Fritzsche reagiert hätte, wenn sie beim Busenbahnenschwimmen ermahnt worden wäre, weil sich explizit eine muslimische Familie beschwert hätte«. Ja, wie ist das? Was hätte ich getan? Diese Frage möchte ich hier noch beantworten – und die Frage selbst unter die Lupe nehmen, denn sie liefert möglicherweise noch einen Aspekt zur Überlegung, wie wichtig eine Debatte über das Oben-ohne-Privileg ist.

Was hätte ich also bei einer muslimischen Familie getan?

Wohl nichts anderes. Denn das Ding ist: Es brauchte ja gar keine muslimische Familie, damit ich mich anziehe. Es reichte ja der bayerische Bademeister. Vermutlich hätte ich mich damals, 2019, auch auf die Bitte einer muslimischen Familie hin angezogen. Und vermutlich würde ich mich heute, 2024, nach den Debatten und vor allem der rechtlichen Klarstellung, weder bei einer muslimischen Familie noch bei einem weißen Bademeister mehr anziehen, wenn ich es nicht für nötig halte. Doch der Artikel in *Tichys Blog* ist deshalb interessant, weil er eine konservative Nebelkerze zündet: Völlig random vemeintliche muslimische Wertvorstellungen ins Spiel zu bringen, wo es um eine deutsche Rechtsordnung geht, ist der klägliche Versuch abzulenken. Abzulenken von dem eigenen konservativen Geschlechterbild. 57 Prozent der Unions-Anhänger und -Anhängerinnen sind laut der erwähnten *Kantar*-Umfrage gegen »oben ohne für alle«, Grüne, im Vergleich, zu 69 Prozent *dafür.* Vor allem Konservative wollen also unsere Verhüllung. Das aber stellt sie ja ins Lager mit »den Muslimen«, denen sie pauschal – und rassistisch – frauenfeindliche Kleiderordnungen unterstellen. Mensch! Das ist aber auch ärgerlich für den rechten Feuilletonisten in seinem Ohrensessel in der Maisonette-Wohnung. Immer diese Widersprüche! Dabei geht es ihm doch um »Freiheit«™. Das Deutungsmonopol über Freiheit haben natürlich die Liberalkonservativen. Und im Zusammenhang mit Kleiderordnungen und Frauen erwähnen sie »Freiheit« vor allem, um damit auf die vermeintlich unterdrückte Kopftuchträgerin und Burkiniträgerin aufmerksam zu machen. So zum Beispiel ein Artikel in der *FAZ*, der über den Burkini im Schwimmbad 2023 fragt: »Wie lässt sich der kulturelle und religiöse Konflikt ohne Freiheitsverlust lösen?«[8] Der Artikel suggeriert, wir Europäer*innen wären durch den Anblick von Burkinis in unserer Freiheit bedroht. Stimmt, Kleidervorschriften sind in vielen Weltregionen noch frauenfeindlicher und queerfeindlicher. Doch auch deutsche und europäische Kleiderordnungen sind frauenfeindlich und queerfeindlich. Also, bitte kein Ablenkungsmanöver. Wir haben hier unsere eigenen Hierarchien, die sich aus europäischen (nationalen) Rechtsordnungen und Gewohnheiten ergeben, nach denen aktuell nur Männer von Beach bis Baustelle ihre nackten Oberkörper spazieren führen können. Die Debatte über Bikini und Burkini und das Infragestellen unseres Oben-ohne-Privilegs zeigt, dass wir für patriarchale Kleiderordnungen und männliche Privilegien – symbolische wie rechtliche – nicht ins Ausland fahren müssen. Da reicht ein Nordseestrand, ein Bergsee in den Alpen, ein deutsches Hallenbad und unser digitaler Alltag. Auch überall dort zieht sich der Mann aus, wann und wo er will, die Frau nicht. Eine solche Analyse aber würde freilich das zweigeteilte rechte Weltbild aus »freier Welt« und »dem Islam« stören, das bürgerliche *NZZ*-Leser mit *Emma*-Feministinnen teilen. Deswegen verrückt die Debatte über das Oben-ohne-Privileg nicht nur unsere geschlechtliche Ordnung, sondern auch unsere rassistische. Es geht also bei Topless-Equality um mehr als um die nackte Brust.

Eine junge Frau aus Berlin hat deswegen den Rechtsweg beschritten. Ihr reichen keine freiwilligen Erklärungen einzelner Kommunen, die ihre Badeordnungen ändern. Sie möchte ein Grundsatzurteil zu unseren Brüsten. Ihren Prozess habe ich 2023 besucht.

Landschaftsszene mit Berg und Apfel: Gelegentlich gelingt es Künstler*innen und Accounts wie @freethenipple, die stark sexualisiert programmierten Algorithmen von Instagram zu umgehen und die dortige Cancel Culture für weibliche Nippel zu unterwandern.

> They took all nipples out of the cartoon, but they had no problem with the scene in which a man cuts off his own arms and legs.
>
> THOM YORKE ÜBER DAS VIDEO ZUM RADIOHEAD-SONG *PARANOID ANDROID* AUF *MTV*, 2007

Gesetze und Blicke

Wer über unsere Brüste bestimmt

Berlin-Schöneberg, 29. September 2023, 9 Uhr morgens

Gabrielle Lebreton läuft auf das Kammergericht Berlin zu. Ein ehrwürdiger Bau aus dem 15. Jahrhundert. In einer Stunde wird ihr Prozess gegen das Land Berlin beginnen: Sie will Entschädigung wegen Geschlechterdiskriminierung. Denn beim Sonnenbaden an einem Berliner Wasserspielplatz war sie wegen ihres nackten Oberkörpers des Platzes verwiesen worden. Jetzt und hier will sie ein Urteil, das diesen Verweis zu Diskriminierung erklärt, idealerweise heute, am Ende des Prozesstages. Um 10 Uhr wird das Kammergericht ihren Fall diskutieren. Es ist die letzte Instanz vor dem Bundesgerichtshof. Und ihr Fall ist von grundsätzlicher Bedeutung. Wenn das Gericht entscheidet, dass es diskriminierend war, Lebreton wegen »oben ohne« von einem öffentlichen Platz zu verweisen, können sich andere Betroffene in Zukunft darauf beziehen. Lebretons Klage könnte in die Rechtsgeschichte eingehen.

Auch deswegen ist sie heute nicht allein. Auf den Stufen vor dem Gericht wartet neben ihrer Anwältin Leonie Thum auch eine Juristin des Vereins »Gesellschaft für Freiheitsrechte«. Der Verein begleitet Fälle, die er für »strategisch wichtig« hält, um unter anderem »für alle Menschen gleiche Rechte und soziale Teilhabe durchzusetzen«. So auch Lebretons Fall, den der Verein finanziell, juristisch und mit Öffentlichkeits-

arbeit unterstützt. Denn, so der Verein: »Bekleidungsvorschriften für weibliche Brüste sind nicht mehr zeitgemäß – und diskriminierend.«

*Lebreton und die beiden Juristinnen betreten nun das Gerichtsgebäude. Sicherheitsschleuse, hoch mit dem Aufzug und dann warten an einer bombastischen Empore, vor dem Gerichtssaal mit schweren hohen Türen. Schon der Vorraum ist beeindruckend und die 39-jährige Architektin Lebreton »verschüchtert«, wie sie mir zuflüstert. Immer mehr Publikum versammelt sich, vor allem Journalist*innen, von dpa, ARD, Tagesspiegel, linken Medien und Boulevard-Zeitungen. Gabrielle Lebreton hatte vorab entschieden, mit Medien nicht zu sprechen, und entsprechend schirmen ihre Begleiterinnen sie ab. Ich verstehe das. Für »oben ohne« einzustehen ruft auch Medien auf den Plan, denen es nicht in erster Linie um Antidiskriminierung geht, sondern um Klicks. Weil ich Gabrielle Lebreton schon Wochen vorher kontaktiert und von meinem eigenen Erlebnis im Münchner Freibad erzählt habe, kann ich aber mit ihr sprechen.*

»Wie geht es dir?«, frage ich. »Ich bin verschüchtert«, sagt sie. »Wirst du selber sprechen?« – »Nein, ich denke nicht. So ein Verfahren ist sehr eindrucksvoll und Deutsch ist nicht meine Muttersprache.« Lebreton ist Französin, lebt aber in Berlin. Ihr Fall, ihre Klage und Bilder von ihr mit ihrem langen dunkelbraunen Zopf, den sie auch heute trägt, gingen durch fast alle großen deutschen Medien. Ich sage ihr, dass ich ihre Klage bewundere und die Tatsache, dass sie damals – anders als ich – oben ohne geblieben ist. »Wie hast du das geschafft?« Gabrielle Lebreton schildert mir den Vorgang, während wir darauf warten, dass in rund 30 Minuten die Saaltüren aufgehen.

Gabrielle Lebreton geht im Juni 2021 auf den Berliner Wasserspielplatz »Plansche«. Mit ihrem Sohn, einem Freund und dessen Kind. Sie zieht ihr Oberteil aus, wie all die Männer dort auch. Daraufhin kommt ein privater Sicherheitsdienst und erklärt, sie müsse sich bedecken. »Als sie kamen, da war für mich so klar: Das ist Diskriminierung.« Lebreton sagt das den Sicherheitsleuten und weigert sich, sich anzuziehen. Die Sicherheitsleute verstehen es nicht und sagen, sie würden die Polizei rufen. »Als die Polizei kam, habe ich gezittert. Ich hatte total Angst. Aber ich weiß auch nicht, wie und warum: Ich habe einen kühlen Kopf behalten.« Auch die Polizei fordert Gabrielle Lebreton nun auf, sich zu bedecken. Lebreton wiederholt die Argumentation, dass das diskriminierend sei. »Weil ich dachte, okay, jetzt bin ich ja mit Polizisten, die werden das verstehen, die beiden Männer.« Aber die Polizisten sagen: »Mit uns keine Diskussion, Sie müssen gehorchen!« Was hat sie in dem Moment gedacht? »Das war für mich so krass, vor allem, weil sie vor meinem Kind gesagt haben: ›Sie müssen jetzt weg.‹ Und mein Sohn hat zu mir gesagt, weil er Angst hatte: ›Bitte, Mama, zieh ein T-Shirt an‹. Das war zu viel für mich. Aber dann habe ich meinem Sohn gesagt: ›Ich verstehe, du hast Angst, aber manchmal gibt es unfaire Situationen und wir müssen Widerstand leisten.‹ Ich weiß nicht, woher das kam. Ich lehre mein Kind eigentlich, die Regeln zu respektieren, ich bin keine Aktivistin. Wenn die Polizei was sagt, machen wir das eigentlich, aber in dem Moment war ich von Anfang an so bestimmt. Ja, aber das war keine leichte Erfahrung!«

Lebreton muss den Platz mit ihrem Kind schließlich verlassen. »Ich war dann die Stunden danach erstmal durcheinander und erschöpft und schockiert. Aber ich wusste ab dem Moment, als die Polizei gekommen war: Ich werde vor Gericht gehen. Ich habe dann wie du auf Twitter und auf Facebook meine Erfahrung geschildert und da habe ich sofort so viel Unterstützung bekommen von Frauen und anderen Menschen, die gesagt haben: Wir machen eine Demo und gehen wieder in die Plansche. Die waren so verärgert und das hat mich beruhigt.« Gabrielle Lebreton klagt im Januar 2022 vor dem Landgericht Berlin.

Als nach dem Prozess das Urteil kommt, ist sie schon zuhause und allein, sie erfährt es aus der Presse: Das Gericht lehnt ihre Klage ab. Es nimmt keine Ungleichbehandlung an, denn es gebe »offensichtliche Unterschiede« geschlechtlicher Art, und selbst wenn es eine Ungleichbehandlung gegeben hätte, wäre sie »jedenfalls gerechtfertigt«, weil durch den Anblick ihrer nackten Nippel ein »geschlechtliches Schamgefühl« erzeugt werden könnte – dabei komme es nicht darauf an, ob es tatsächlich Personen gegeben habe, die sich gestört gefühlt haben.

»Das Urteil war für mich ein Schock!«, sagt Lebreton. »Ehrlich gesagt, das war unerwartet. Denn ich hatte so viel Unterstützung und diese Gewissheit, dass das unfair ist. Und die gegnerische Seite in der Verhandlung hatte, würde ich sagen, keine richtigen Argumente. Das Urteil war krass.«

Doch Lebreton macht weiter. Sie legt Berufung ein. Beim Kammergericht Berlin. Und hier sind wir. In 15 Minuten beginnt nun die Berufungsverhandlung.

Woher nimmt sie die Kraft?, will ich noch wissen. »Gute Frage: Woher kommt die Kraft? Ich habe die Gewissheit, dass es die richtige Sache ist. Das ist nicht nur für mich. Es gibt diese Übersexualisierung des weiblich gelesenen Körpers und da bin ich dagegen. Manche Medien sagen über mich: ›Sie sind gegen Sexualisierung‹, aber ich sage: Ich bin gegen Sexualisierung gegen unseren Willen. Frauen wie Männer haben ein Recht auf Selbstbestimmung. Das ist so klar.«

Neben Lebreton vor dem Gerichtssaal steht wieder ihre Anwältin Leonie Thum. Was ist der Worst Case heute? »Dass wir mit ähnlich kurzer und falscher Begründung verlieren wie in erster Instanz.« Und der Best Case? »Zu obsiegen mit einer fundierten Begründung, die für zukünftige Fälle eine Grundlage sein kann. Dazwischen gibt es Obsiegen ohne oder mit kurzer Begründung.« Das wäre nicht ideal für Thum und die Gesellschaft für Freiheitsrechte. »Sie wollen wirklich neue Tatsachen schaffen, oder?«, frage ich sie. »Das, und es wäre wichtig, dass die problematische erstinstanzliche Entscheidung ausdrücklich widerlegt wird«, antwortet Thum. Auf was kommt es in den nächsten Minuten und Stunden im Prozess nun an? Ich erfahre, dass es abseits der Frage der Diskriminierung weitere Hürden gibt. Da ist zum einen die Frage, ob es sich bei dem Sicherheitsdienst und der Amtshilfe durch die Polizei überhaupt um ein Handeln des Landes Berlin gehandelt hat – oder nur um privates Handeln, dann wäre Berlin gar nicht der richtige Adressat. Ebenso, falls der Wasserspielplatz gar nicht in der Verantwortung des Landes Berlin gelegen hätte. Schon daran kann es also gleich scheitern. Dann müsste sich Lebreton anderweitig wehren, aber dieser Prozess wäre verloren. Zur Frage der Diskriminierung käme es dann gar nicht erst. Doch genau das wollen Lebreton und ihre Mitstreiterinnen – ein Urteil zu der Frage: War es diskriminierend, Lebretons Brüste anders zu behandeln als männliche? Ein solches Urteil wäre nicht nur für Frauen grundlegend, erklärt mir vor dem Gerichtssaal Soraia Da Costa Batista, sie ist Juristin für die »Gesellschaft für Freiheitsrechte«: »Diskriminierungsfreie Kleidervorschriften ermöglichen es allen Menschen, auch nicht-binären und trans Menschen, selbstbestimmt entscheiden zu können, was sie tragen, und sich nicht mehr einordnen zu müssen.«

In die Menschenmenge um uns kommt nun Bewegung, die Saaltüren sind aufgegangen. Ich gucke Gabrielle an. »Jetzt kann ich nichts mehr machen, einfach nur warten und Hoffnung haben.« Doch anders als die zurückhaltende Lebreton geplant hat, wird sie doch von der Richterin zur Stellungnahme aufgefordert werden.

Wem wir Folge leisten, wenn wir aufgefordert werden, unsere Brüste zu verhüllen, scheint total vielfältig zu sein. In Lebretons Fall war das einerseits die Polizei und damit der

Staat, andererseits ein Sicherheitsdienst und damit ein Privatunternehmen – wie das ausgeht, werden wir noch sehen. In meinem Fall im Freibad folgte ich dem Bademeister, aber eigentlich auch schon vorher den (vermeintlichen) Blicken der Jungsgruppe und den verstört anmutenden Reaktionen der beiden Mädchen. Über Janet Jackson urteilte das Fernsehpublikum, konkret bedrohlich wurden aber der CBS-Chef sowie Radiosender, die sie nicht mehr spielten. Wer hat nun also das Sagen? Es scheint komplex zu sein. Versuchen wir, das zu entwirren.

Schön wäre natürlich, wenn unsere Brüste einfach ganz eigenmächtig entscheiden könnten, ob sie sich anziehen. Sie würden miteinander sprechen und entweder zu einer gemeinsamen Meinung kommen oder die eine geht angezogen, die andere blank, Amazonen-Style! Schön wäre ferner auch, wir Brüsteinhaber*innen könnten mitreden. Aber da schon random Bademeister und Sicherheitsleute mitreden dürfen, erscheint es mir wahrscheinlicher, dass mein Mathelehrer aus der Unterstufe hier mitreden darf als ich, oder der lokale Tierschutzverein, weil unsere bloßen Brüste unter Wasser die Fische erschrecken könnten. Aber gut. Damit es nicht zum großen Artensterben kommt, gibt es für unsere Brüste Regeln. Und das sind zum einen mal *Gesetze*.

Gummiparagraphen und Grundgesetz

Die Recherche, wo überall »oben ohne« für alle Geschlechter juristisch möglich ist, gestaltet sich aber schwierig. Denn vollumfänglich, also für alle öffentlichen Orte wie Parks, Sporthallen, Festivals und so weiter, stellt überhaupt niemand die Frage. Mir ist keine Region weltweit untergekommen, wo »oben ohne« explizit allen Geschlechtern gleichermaßen überall erlaubt ist, außer in FKK-Bereichen, wo dann aber für alle Gender gleichermaßen das Tragen von Kleidung gänzlich untersagt ist, und die sich meistens auf Badeorte oder Campingplätze beschränken. Solche gibt es in sehr vielen Ländern Europas wie Deutschland, Frankreich, Spanien, Tschechien, Kroatien oder Dänemark, in wenigen Regionen Amerikas wie Uruguay oder Kalifornien, in manchen asiatischen Ländern wie Israel, in manchen afrikanischen Staaten wie Südafrika und auch in Australien oder Neuseeland. In vielen dieser liberaleren Regionen ist neben speziellen FKK-Plätzen auch an vielen Badeorten »oben ohne« für Frauen möglich. Und in den letzten Jahren erlauben einige europäische Kommunen wie erwähnt nun explizit auch für Freibäder »oben ohne für alle«. Doch was ist mit Nicht-Badeorten? Männer sind topless im Park, auf der Baustelle, auf dem Fußballplatz, in der Fußgängerzone, im Garten. An all diesen Orten ist es meist schwammig, ob alle Geschlechter dort oben ohne sein dürfen. Oft gibt es Regelungen, die eine Auslegung zu diesen Fällen zulassen.

In Deutschland gibt es generell kein Gesetz, dass es untersagt, sich in der Öffentlichkeit auszuziehen. Es sei denn, es liegt ein sexueller Bezug vor wie bei Exhibitionismus, das ist strafbar. Doch auch ohne sexuellen Bezug können sich Menschen in Deutschland von Nacktheit gestört fühlen und sie als »Belästigung der Allgemeinheit« empfinden, das besagt § 118 des Ordnungswidrigkeitengesetzes (OWiG). Meist bleibt es bei einem Platzverweis – also einer Aufforderung durch Polizei oder Ordnungsamt, den Ort zu verlassen. Die Freizügigen kann aber auch eine Geldbuße zwischen fünf und tausend Euro treffen. Das passiert so gut wie nicht mehr, es ist aber nirgends schwarz auf weiß festgeschrieben, dass »oben ohne für alle« gelte, wie es nun manche Kommunen im Falle von Freibädern beschlossen haben. Ob das auch in Hallenbädern gilt, auf Wasserspielplätzen, in Parks und Straßenzügen, im Garten und im Bierzelt, wo etliche Männer oben ohne sind, ist meist offen. § 118 OWiG sei bezüglich Nacktheit in der Öffentlichkeit ein »Gummiparagraph«, schreibt *Spiegel online*, »eine sehr allgemein gehaltene Regelung, die sich dehnen, also unterschiedlich auslegen lässt. Deshalb ist in dieser Frage vieles vom Einzelfall abhängig: Ab wann fühlen sich Menschen gestört? Wie empfindlich sind einzelne Ordnungshüter? Und wie legen Richter den Fall aus, sollte er auf ihrem Tisch landen?«[1]

Wie das erstinstanzliche Urteil von Gabrielle Lebreton (»Schamgefühl gestört«) und die Umfragen zu Nacktheit an Badeorten (ein Drittel bis die Hälfte gegen »oben ohne« bei Frauen) zeigen, fällt diese Abwägung oft zu Ungunsten von Frauen aus. Das kann sich auf einsehbare Orte *zuhause* wie den Garten oder Balkon beziehen, auf Orte im Freien wie Wälder, Seen, Strände, oder auf urbane Orte wie Parks, Innenstädte oder Straßenzüge generell. Theoretisch können sich Menschen also fast überall von *allen* nackten Oberkörpern gestört fühlen, faktisch aber zeigt sich, dass Männer an sehr vielen Orten keine Maßregelungen erfahren. Anders als Lebreton, Janet Jackson oder ich. Und natürlich vor allem anders als Madonna und die vielen anderen auf Instagram und Co, die dort, wie Männer es tun, ihre Nippel zeigen wollen.

Die Codes des Silicon Valley

Denn neben Gesetzen, kommunalen Badeordnungen oder privaten Hausordnungen leben wir vor allem unter der Moral des US-amerikanischen Silicon Valley, also den hausgemachten *Werten von Digitalunternehmen*. Das heißt: Über unsere Körper bestimmen Unternehmen deshalb, weil sie sich eine Marktmacht erstritten haben, sie sind aber nie von uns gewählt worden.

Wohlwollend betrachtet haben diejenigen, die unsere Algorithmen schreiben, sicherlich keine bewusste Agenda, sondern sind »nur« von unbewussten Voranannahmen geprägt. Doch Mitarbeitende der IT-Industrie sind zu 80 bis 88 Prozent männlich und sie denken weiß, wie immer wieder rassistische Algorithmen zeigen.[2] Und zugespitzt formuliert handelt es sich beim Silicon Valley in großen Teilen um ein sehr gekränktes Milieu: »Aufgebaut und betrieben von einigen der privilegiertesten Menschen auf Erden, die sich für die unterprivilegiertesten Menschen halten«, schreibt die britische Autorin Laurie Penny in *Bitch Doktrin* (2017). »Jungs, die am unteren Ende der brutalen Hierarchie toxischer Männlichkeit aufwuchsen – die Loser, die Nerds, diejenigen, die sich selbst nicht geheuer waren –, sind nun erwachsen und stellen fest, dass sich die Polung umgedreht hat. Plötzlich sind sie diejenigen mit Macht und sozialem Status. Dank der Naturwissenschaften können schüchterne männliche Nerds dem Horror ihrer Teenagerjahre entfliehen.«[3] Egal wie viele von ihnen tatsächlich gekränkt sind – hier entscheiden ausgerechnet Informatik-Experten über gesellschaftliche Fragen. Nerds über Nacktheit. Männer über Frauen. Drinnies über Freikörperkultur. Wir könnten auch Vegetarier die Wurst des Monats wählen lassen (»Fleischwurst!«), Yogalehrer über Herz-OPs entscheiden lassen (»Mach nur, was dir guttut!«) und Anlageberater über den Chemie-Nobelpreis (»Entscheidend ist, was steil geht«). Die Journalistin Eva Häberle hat über fünf Monate den bekannten Bildgenerator »Midjourney« untersucht, der mit Künstlicher Intelligenz künstliche Bilder erstellt: 100 Suchanfragen mit dem Begriff »Frau« – ohne weitere Beschreibung – lieferten ihr 100 fast identische Bilder: die Frau war stets weiß, jung, hatte langes Haar, eng anliegende Kleidung, war sehr normschön, wie Häberle schreibt, und im luftleeren Raum oder romantisch von Blumen und Schmetterlingen umgeben. Männerbilder hingegen waren divers: alt, jung, mit Attributen wie Technik oder Architektur ausgestattet. Das Rollenverständnis dieser Welt scheine, so Häberle, steckengeblieben »in einem Sci-Fi-Groschenroman oder einem Computerspiel mit markigen Männern und kurvigen Frauen«.[4]

Die Ansichten der Programmierer über unsere Körper haben Impact, vor allem auf Jugendliche, sie verbringen im Schnitt vier Stunden mehr am Tag auf digitalen Plattformen als in echten Parks, Schwimmbädern oder Turnhallen. Doch Unternehmen wie Meta oder Google lassen uns nur die Wahl, uns ihrer Moralvorstellung zu fügen – oder die Plattform zu verlassen. Und die Moral sieht eben so aus, dass nackte Nippel von »Frauen« nicht gehen. Nur wenige weitere prominente Beispiele: Modephotos von Rihanna oben ohne wurden von Instagram gelöscht – als Reaktion erschien die Sängerin bei einer New Yorker Gala in einem durchsichtigen Kleid, das nur mit Swarovski-Steinen bestickt war. Scout Willis' Oben-ohne-Bilder wurden von Instagram gelöscht – Willis' Mutter Demi Moore war 24 Jahre vorher auf einem Cover der *Vanity Fair* hochschwanger, mit ihrer Tochter im Bauch, fast komplett nackt abgebildet, nur mit ihrer Hand über dem Nippel. »Ohne Übertreibung kann man sagen: Die Tochter sieht sich einer prüderen Sexualmoral ausgesetzt als ihre eigene Mutter. Das muss eine Gesellschaft erst mal schaffen«, urteilt sogar die US-freundliche und kapital-libertäre *Welt*.[5]

Doch seit nun zehn Jahren weisen Kampagnen wie »Free The Nipple« und »Topless Equality« auf die Diskriminierung von Frauen hin. Kommt also Bewegung in die Moralvorstellungen der »modernen« Digitalunternehmen? Tatsächlich empfahl bei Meta, dem Dachunternehmen von Instagram und Facebook, das hausinterne Kontrollgremium Oversight Board 2023, die Richtlinien für Nippel zu überarbeiten. Denn sie seien verwirrend und nicht mehr zeitgemäß.[6] Manchmal dürften Brustwarzen gezeigt werden, etwa »im Kontext von Stillen, Geburt, oder in einem gesundheitlichen Kontext«, diese Ausnahmen seien aber in der Masse der täglichen Entscheidungen »in der Praxis unbrauchbar«. Außerdem würden die Regeln auf einem binären Verständnis von Geschlecht basieren, das nur männliche und weibliche Körper kenne.[7] Damit sei unklar, wie sich die Regeln überhaupt auf trans und nicht-binäre Personen bezögen. Moderator*innen seien überfordert und würden falsche Entscheidungen treffen. Instagram und Facebook sollten deswegen ihre Regeln so überarbeiten, dass sie »internationalen Menschenrechts-Standards« entsprächen. Wow. Was geschah also? Im Oversight Board von Meta sitzen externe Professor*innen für Verfassungsrecht und digitales Recht, Medienwissenschaftler*innen, Journalist*innen, Politiker*innen und Aktivist*innen. Sie gaben den Unternehmen eine Frist von 60 Tagen. Nach den zwei Monaten hatte sich nichts geändert. Das ist bis heute so. Und die Empfehlungen des Boards sind auch nicht bindend. Aktuell werden also weiter alle Brüste, die den Angestellten und den Algorithmen nicht männlich erscheinen, gelöscht. Von Accounts wie der Kampagne »Free The Nipple« verschwinden regelmäßig Bilder nackter Nippel, die die Algorithmen als weiblich lesen. Die Kampagne äußerte 2023 sogar den Verdacht, auch ihre anderen Inhalte, ohne Nippel oder mit bedeckten und künstlerisch gestalteten Nippeln, unterlägen einem *shadow ban* von Instagram, würden also gezielt anderen Usern weniger angezeigt. Ein solches Vorgehen ist schwer nachzuweisen, da die Algorithmen generell für uns alle völlig geheim sind. Doch nackte (!) Nippel weiblich gelesener Menschen bleiben in jedem Fall in der Welt der Plattformen tabu. Auch bei den anderen großen Digitalunternehmen wie zum Beispiel YouTube. Die Wahl, sich online obenrum nackt zu zeigen, haben nur Menschen, die den Algorithmen und Mitarbeitenden als Männer erscheinen. Die Cancel Culture für weibliche Nippel betrifft selbst gezeichnete Brüste offensichtlicher Kunstwerke. Instagram löschte 2021 ein Plakat des Almodóvar-Films *Parallele Mütter*, wo aus einer Brustwarze Milch spritzt. Und Facebook löschte 2013 das Foto einer dänischen weiblichen Oben-ohne-Bronzefigur.

In unserem digitalen Alltag verhindern patriarchale Plattformen also echte und gezeichnete »Frauenbrüste« ganz *faktisch*. Und in unserem physischen Alltag wird unsere Diskriminierung von Gummiparagraphen ganz praktisch *geduldet*. In beiden Fällen lassen uns nationale und internationale Rechtsordnungen im Stich. Das Grundgesetz der Bundesrepublik verlangt zwar in seinem Artikel 3 die Gleichbehandlung der Geschlechter, doch bis auf die Nutzungsordnungen von Freibädern in manchen Städten ist »Gleiche Brust für alle« nirgends explizit festgeschrieben, ist also diese Diskriminierung nirgends explizit unterbunden. Eine Leerstelle, die sich ändern könnte, falls es zu einer neuen Rechtsprechung kommt.

10 Uhr. Gabrielle Lebreton und ihre Anwältin betreten den Gerichtssaal. Der Anwalt der Gegenseite sitzt bereits mit mehreren Mitarbeitenden auf der Verteidigerposition. Er vertritt das Berlin, gegen das Lebreton geklagt hat. Richterin Cornelia Holldorf eröffnet den Prozess: Gabrielle Lebreton gegen das Land Berlin. Wie schon in der ersten Instanz fordert Lebretons Anwältin Thum 10.000 Euro Schadensersatz für Lebreton wegen Geschlechterdiskriminierung nach dem 2020 erlassenen Landesantidiskriminierungsgesetz. Und ebenso wie in der ersten Instanz lehnt das Land Berlin, vertreten durch Rechtsanwalt Eike-Heinrich Duhme, das ab.

Richterin Holldorf beginnt das Verfahren mit den Worten, dass es um »komplizierte Fragen« gehe.

Überraschenderweise handelt sie schon in ihrer Einleitung die meisten Streitpunkte schnell ab. Ja, es handele sich um öffentliches Handeln und auch um einen öffentlichen Raum, da-

mit ist Berlin also zuständig, Lebreton diesbezüglich einen Schritt weiter im Prozess. Zur entscheidenden Frage kommt die Richterin schon nach wenigen Minuten: Lag eine Diskriminierung vor? Richterin Holldorf meint, einem Mann wäre das Verhalten erlaubt worden. Sie bejaht damit, dass eine Diskriminierung gegeben war. Das ging schnell und unterscheidet sich vom Urteil des vorherigen Gerichts, dass »geschlechtliche Unterschiede« zwischen der männlichen und weiblichen Brust angenommen hatte und damit eine Ungleichbehandlung ausschloss. Ein erster großer Erfolg für Lebreton und ihre Anwältin.

Es verbleiben aber die Fragen: War diese Diskriminierung gerechtfertigt? Und wenn nicht, in welcher Höhe hat Gabrielle Lebreton Anspruch auf Schadensersatz? Die Richterin zieht bei der Erörterung nun Argumente heran, die beim Auslegen helfen sollen. An Gabrielle Lebreton gewandt meint sie, diese hätte ja schon viel erreicht. Tatsächlich hatte Lebreton auch die Ombudsstelle gegen Diskriminierungen des Landes Berlin angerufen und diese hatte in der Folge erklärt, dass »oben ohne« an der »Plansche« nun explizit allen möglich ist. Die Richterin hält wegen dieses Erfolges von Lebreton 10.000 Euro für zu viel und deutet eine Schadensersatzhöhe von 500 Euro an. Sie schlägt Lebreton und der Gegenseite nun vor, diese mögen sich auf eine Mediation einlassen, also ein Gespräch unter richterlichen Augen, ohne Publikum, wo sie erörtern, ob sie sich auf etwas einigen können.

Gabrielle Lebreton guckt irritiert zu ihrer Anwältin.

Sie will ein Urteil, denke ich, auf das sich später andere beziehen können.

Ihre Anwältin guckt sie ebenfalls an, die beiden verständigen sich ohne Worte, dass sie eine Pause wollen. Mit dem Einverständnis der Richterin verlassen die beiden und die Juristin der Gesellschaft für Freiheitsrechte den Raum. Ich denke, für alle drei wäre eine solche Mediation mit einem Kompromiss weniger gut, denn sie wollen ein Grundsatzurteil. Wie entscheiden sie?

Was Gabrielle Lebreton und ihre Mitstreiterinnen hier ausfechten, was die »Free The Nipple«-Kampagnen und die Oben-ohne-Demonstrationen anstreben, ist nicht nur juristische Gleichbehandlung. Denn neben den erörterten staatlichen Gesetzen und privaten Regelungen des Silicon Valley geht es beim Thema »oben ohne« auch um unseren gesellschaftlichen Umgang mit nackten Brüsten: also um *ungeschriebene Normen.*

Blicke und Scham

Ungeschriebene Normen wirken auf uns alle. Auf die Ansichten von Gesetzgebern und Richterinnen. Auf das Schamempfinden derer, die uns angucken und als »Belästigung der Allgemeinheit« betrachten können. Und auf uns Betroffene. Denn wir nehmen auch ungeschriebene Regeln von klein an auf. Und zwar gerade, was unser Wissen über Geschlechtlichkeit angeht, wie unter anderem der Philosoph Michel Foucault beschreibt, »in den religiösen Institutionen, in den pädagogischen Maßnahmen, in den medizinischen Praktiken, in den Familienstrukturen, in denen es sich formiert hat, aber auch in den Zwangswirkungen, die es auf die Individuen ausgeübt hat«.[8] Diese Normen werden manchmal ausgesprochen, manchmal von einer Kanzel herab gepredigt, manchmal in Zeitungen abgedruckt, manchmal als Kunst geadelt – und manchmal werden sie auch durch Schweigen ausgedrückt. Das beobachtet auch der Soziologe Jean-Claude Kaufmann in seiner Studie *Frauenkörper – Männerblicke*: Denn »der Strand verbietet gar nichts, er rät nur, ohne etwas zu sagen«.[9] Alle befragten Männer wie Frauen sagen, es sei allein Sache der Frau, ob sie oben ohne gehe. Aber es gebe schon Blicke, Schweigen, Mimiken. Von Fremden oder von Bekannten, insbesondere den Partnern. Eine Frau nimmt an, dass ihr Mann »eine Woche ein

Gesicht ziehen würde«, wenn sie oben ohne ginge.[10] Eine andere meint, wenn sie jemals oben ohne im Garten läge, würde ihr Mann unentwegt gucken, »ob die Nachbarn, die 50 m entfernt sind, nicht rüberschauen«. Für manche Übereinkünfte braucht es eben keine Worte oder Gesetze. Und unausgesprochene und generell ungeschriebene Regeln sind sogar viel subtiler.

Manchmal machen die Männer bei Kaufmanns Studie auch nur »Vorschläge«: Als eine Befragte von »oben ohne« auf Oberteil gewechselt habe, habe ihr Mann Bedauern geäußert, »es war doch so hübsch«. In der Tendenz raten die Männer in der Studie ihren Partnerinnen eher zu »oben ohne«, als dass sie davon abraten. Das passt zu den erwähnten Umfragen von heute, wonach in der Tendenz mehr Männer als Frauen für »oben ohne« sind. Doch wen überrascht's? Kaufmann beobachtet, dass Männer dann für »oben ohne« sind, wenn die Brüste »schön« sind und mutmaßlich von anderen für schön gehalten und beobachtet werden. Es ist für viele ein Statussymbol. Für einen jungen Mann bedeutet es »Überlegenheit«, eine Frau bei sich zu haben, die oben ohne ist. Sie brüsten sich also mit unseren Brüsten, denke ich. Was wäre der junge Mann ohne eine *trophy wife* an seinem Arm? Würde er am Strand zu einem Sandhaufen zusammensacken oder gleich vom Erdboden verschluckt werden und in hunderttausend Jahren wieder als Lava ausgespuckt? Es ist erwartbar, aber auch bei Kaufmanns Befragten geht es oft eher um männliche Interessen als um weibliche Freiheit.

Nun können wir zu ungeschriebenen Regeln, anders als zu geschriebenen, natürlich leichter sagen: Pah, ich steh über all diesem *shaming*, das ist mir völlig egal. Und für viele ist das auch so. Was Körpernormen und Nacktheit und Freizügigkeit angeht, hat sich in den letzten Jahren viel getan. Auch durch Vorreiter*innen im Netz. Sängerin Lizzo inszeniert sich attraktiv und dick. Comedian Celeste

Barber begeistert Millionen, indem sie mit einem durchschnittlichen Körper sexy Posen nachahmt und sich in knappen Höschen auf Gemüseauslagen räkelt, weil Promis das gemacht haben. Das prägt. Und tatsächlich tragen viele von uns seit einigen Jahren unnormierte Körper in kurzen Tops und knappen Shorts und noch knapperen Bikinis zur Schau. Doch nicht alle von uns können die jahrhundertealte Demütigung und Kontrolle des weiblichen Körpers ablegen – und auch Sängerin Lizzo oder die erwähnte Roxane Gay geben immer wieder öffentlich ihre Schwäche zu. Denn die Scham dringt tief in die Psyche ein.

Die geschriebenen und ungeschriebenen Regeln tragen zu dieser *verinnerlichten Scham* bei. Fremdzwänge werden zu Selbstzwängen, analysierte der Soziologe Norbert Elias. Die Scham fühlt sich dann irgendwann nicht mehr an, als käme sie von außen, sondern als käme sie aus uns selbst heraus. Wenn wir ständig beurteilt werden wie Janet Jackson für ihre »alternden Brüste«, wenn wir des Platzes verwiesen werden wie Gabrielle Lebreton oder wenn wir *auf* unseren Platz verwiesen werden – das Handtuch –, wenn wir ahnen oder wissen, dass ein Drittel bis die Hälfte der Umliegenden unsere nackten Brüste ablehnt, und im Supermarkt und beim Wandern vermutlich erheblich mehr, dann internalisieren wir diese Scham. Dazu tragen immer wieder prominente Brüste bei, nicht nur aus dem Showbiz, auch aus der Politik.

Politik mit Brüsten

Schämt sich Barack Obama für Fotos seiner nackten Brust beim Kanufahren auf Hawaii? Nichts lässt darauf schließen. Rechtfertigt sich Wladimir Putin, wenn er oben ohne angelt, reitet und jagt und dabei fotografiert wird? Sein entschiedener Blick lässt vielmehr eine bewusste Inszenierung annehmen. Anders gestaltete sich das bei Angela Merkel. Sie zeigte nur einmal Brust, bei der Eröffnung der Osloer Oper 2008, dann nie wieder. Dabei waren ihre Brüste nicht mal nackt, sie trug nur ein Abendkleid mit einem weiten Ausschnitt. Doch ein tiefer Ausschnitt verhindert tiefe Analysen, klar! Das stellt die Seriosität der einflussreichsten Politikerin der Welt schon in Frage: »Wie viel Dekolleté darf eine Kanzlerin zeigen?«, titelte die *Welt*. »Merkel will Großmacht werden«, spottete die *Zeit*. Denn wir dulden vor allem dann mächtige Frauen, wenn sie nicht aussehen wie Frauen. Denn wer in erster Linie *Körper* ist, kann nicht gleichzeitig *Geist* haben. Der Mann schon. Denn in unserer Kultur gilt: Der Mann *hat* einen Körper, die Frau *ist* ein Körper. Für Frauen aber gehen Körper und Geist nicht zusammen. Auch und gerade in der Politik wirst du entweder ernstgenommen oder du hast Brüste. Dabei ist doch das bekannteste Sinnbild für Freiheit und Demokratie in Europa, die »Marianne«, eine Frau oben ohne. Wie kann das sein?

Die Marianne ist seit der Französischen Revolution der Inbegriff der Republik. Festgehalten hat sie Eugène Delacroix im Gemälde *Die Freiheit führt das Volk* während der Julirevolution 1830: Inmitten einer Schlacht reckt eine Frau – oben ohne und mit einer revolutionären Jakobiner-Mütze aus der ersten Pariser Kommune – die Faust in die Höhe. Darin trägt sie die damals verbotene Trikolore, die spätere Frankreich-Fahne. Dass eine Frau Freiheitssymbol ist, hatten sich die Franzosen bei den alten Römern abgeguckt, die eine weibliche Figur, die Göttin Libertas, zum Symbol für Freiheit gemacht und mit ihr Münzen und Briefköpfe geschmückt hatten. Das Bild der Marianne entstand nach einem Aufstand am 27. Juli 1830. Die Pariser Bevölkerung kämpfte damals für ein gewähltes Parlament, für Pressefreiheit, gegen Armut und Hunger und gegen Karl X., der die Vorherrschaft des Adels wiederbeleben wollte. Unter den Protestierenden waren vor allem Arbeiter*innen. »Auf 100 Männer ohne Strümpfe und Jacke kam am 28. Juli ein gut angezogener Mann«, schreibt der Schriftsteller und Augenzeuge Stendhal.[11] Doch am Ende bekam nur das Bürgertum mehr Macht, es blieb bei der Monarchie, die Arbeitenden hatten wenig vom Aufstand: Brotpreis und Arbeitslosigkeit stiegen weiter – und vier Jahre später ließ der »Bürgerkönig« auf Streikende schießen.[12] Der Name Marianne wurde der Figur verliehen, um der Kirche eins mitzugeben: Das Symbol der Revolution, nackt und weiblich, sollte einen Namen bekommen, der aus den zwei katholischsten und am weitesten verbreiteten Namen überhaupt bestand: Marie und Anne. Die Ikone Marianne landete 200 Jahre später unter anderem auf einem Plattencover von *Coldplay* und auf Band-T-Shirts von *Laibach.* Ist sie Symbol für den Kampf gegen die Vorherrschaft einiger weniger? Oder symbolisiert die Oben-ohne-Marianne auch weibliche Freiheit? Das letzte Mal prominent erwähnt hat sie 2016 der damalige französische Ministerpräsident Manuel Valls: »Die Marianne, das Symbol der Republik, hat eine nackte Brust, weil sie das Volk ernährt. Sie ist nicht verhüllt, weil sie frei ist. Das ist die Republik!«[13] In welchem Zusammenhang sagte Valls das?

Er sagte es in einem Streit über den Burkini, also das lange Badekleid mit Leggings. Die französische Regierung hatte den Burkini verboten, das Oberste Verwaltungsgericht das Verbot aber für rechtswidrig erklärt. Valls' Aussage fiel einen Tag nach dem Urteil. Er schrieb auf seiner Facebook-Seite, er stelle keineswegs individuelle Freiheiten infrage, wenn er einen Badeanzug für Frauen ablehne, der nur Hände, Füße und Gesicht freilässt. Vielmehr gehe es darum, den »tödlichen, rückschrittlichen Islam« zurückzuweisen. Die emanzipatorisch klingende Würdigung der Figur der Marianne mit ihrer nackten Brust – »Marianne ist nicht verhüllt, weil sie frei ist« – zielte also wiederum auf eine Kleidervorschrift für Frauen. Diesmal sollten die Frauen *nicht zu viel* tragen. Statt zu sagen »Freie Kleiderwahl«, antwortet Valls auf die religiös-fundamentalistische Vorschrift »Frauen müssen Burkinis tragen« mit der patriarchal-fundamentalistischen Vorschrift »Frauen dürfen *keine* Burkinis tragen«. Valls' Auslegung der Marianne konterte unter anderem die Historikerin und Revolutionsexpertin Mathilde Larrère: Die Marianne stehe für den Staat, nicht für die Frauen.[14] Doch Valls nutzte sie, um sein Burkini-Verbot zu rechtfertigen, bei dem wieder mal Mann entschieden hatte, was Frau trägt – in dem Fall bitte möglichst wenig. Mit der Selbstbestimmung von Frauen hatte Valls' Deutung der Marianne nichts zu tun. Und auch sonst wird die Marianne in Frankreich an- und ausgezogen, wie es gerade passt. In fast jedem Rathaus in Frankreich steht eine Büste von ihr. Und die ist keineswegs immer oben ohne. Sie ist mal bewaffnet, mit offenem Haar und oben ohne. Mal ist sie brav, sitzend und mit bedeckten Brüsten. Konservative wollen sie in der Regel bedeckt, Liberale eher entkleidet. *Das* Freiheitssymbol hat mit der Freiheit der Frauen nichts zu tun. Genauso wenig, dass jemand *mal* für eine nackte weibliche Brust eintritt, wie Valls. Auch aus der Politik hören wir also von Marianne bis Merkel: Für Frauenkörper gibt es keine freie Entscheidung.

Wie aber kam das? Warum schämen wir uns so oft für weibliche nackte Brüste, für männliche nicht? Wie kam diese Zweiteilung, wo es doch für Brüste nur eine sinnvolle Zweiteilung gibt, rechts und links? Warum sind »Männerbrüste« banal, »Frauenbrüste« schambeladen? Woher kommt überhaupt die Scham über unsere nackten Körper? Und schämen sich Aliens auch für ihre nackten Körper?

"They just built a way more powerful telescope! Everyone put on some pants!"

Woher kommt Scham? Cartoon von Pia Guerra und Ian Boothby, 2022

> People want me to be so full of shame that I used to dance. I would never be ashamed of it. I made a lot of money. I had a good time, and it showed me a lot.
>
> CARDI B ÜBER IHRE ARBEIT ALS STRIPPERIN

Nackt und gleich

Wie Scham über unsere Körper kommt – und uns trennt

Ob Aliens sich für Nacktheit schämen, haben Pia Guerra und Ian Boothby mit ihrem Cartoon im *New Yorker* abschließend beantwortet. Die Aliens untereinander schämen sich nicht für ihre Nacktheit, erst durch den irdischen Blick entwickeln sie Scham und wechseln von nackt auf angezogen. Scham für Nacktheit ist also etwas zutiefst Irdisches. Doch wer auf der Erde hat's erfunden? (Die Schweizer?) Oder ist Scham gar eine quasi natürliche Konstante der Menschheit? Und wie kam es zur spezifischen Scham für die nackte »weibliche« Brust? Bei den *Flintstones* trägt Steinzeit-Comicfigur Wilma beim Baden Bikini, während Fred Feuerstein oben ohne badet. Machten sich unsere Vorfahrinnen über ihren nackten Oberkörper wirklich Gedanken? Woher kommt die Scham für Nacktheit?

Der Soziologe Norbert Elias gilt als der Papst der sogenannten »Zivilisationstheorie«, nach der sich Scham für Körperteile erst mit der Zivilisation entwickelt habe. Während wir für hunderttausende von Jahren relativ autark und nur in kleinen Gemeinschaften miteinander lebten, sei Scham erst durch das immer engere und verflochtenere Zusammenleben in Städten entstanden, bei dem wir unser Verhalten immer mehr untereinander abstimmen mussten. Im 14. und 15. Jahrhundert seien wir noch sehr unbefangen mit unseren Körpern umgegangen. In zeitgenössischen Darstellungen planschten alle Geschlechter nackt und ungezwungen in öffentlichen Badeanstalten, private Schlafzimmer gab es nicht, es wurde öffentlich gerülpst, gefurzt, uriniert. Erst mit der modernen Arbeitsteilung wurden Haus und Hof getrennt und damit der Tag in öffentliche und private Orte und Zeiten zerteilt. Wir mussten lernen, Affekte zu kontrollieren, kurzfristige Launen langfristigen gemeinschaftlichen Zielen unterzuordnen. In der Folge tabuisierten wir zum Beispiel körperliche Bedürfnisse, verfeinerten Tischmanieren, Kleiderordnungen oder Badesitten. Und diese Sitten haben wir verinnerlicht. Wenn jemand anders sich normabweichend verhält, empfinden wir Peinlichkeit. Wenn wir selbst uns abnorm verhalten oder verhalten könnten, empfinden wir Scham. Diese »Zivilisierung« vollzog sich üblicherweise erst in den reicheren Klassen, die sich damit von ärmeren abgrenzten und, sobald diese nachzogen, wiederum ihre Sitten verfeinerten. Bei der Körperscham handele es sich um eine »gesellschaftlich gezüchtete Angst«, so Elias, und zwar »eine Angst vor der sozialen Degradierung«. Dieser Prozess sei aber historisch gewachsen, Schamempfinden also veränderbar.[1]

Anders sieht das der Physiker und Autor Hans-Peter Dürr in seinem mehrbändigen *Mythos vom Zivilisationsprozess.* Aus zahlreichen Beispielen liest er ab, dass es auch in frühen Gemeinschaften oder später dokumentierten indigenen Kulturen subtile Verhaltensweisen der Scham gäbe, wie »Blick-Verbote« auf die Geschlechtsteile, die für das »zivilisierte« Auge nur nicht auf den ersten Blick erkennbar seien. Die Menschen erschienen zwar »nackt«, was aber nicht heiße, dass sie keine Scham hätten. Das finde ich bis hierhin nachvollziehbar. Dürr zieht aber weiter den Schluss, Scham für Nacktheit sei eine historische Konstante, die »zum Wesen des Menschen gehört«, weil sie »die Paarbildung als Grundlage der Gesellschaft fördert und schützt«, also eine »Einschränkung der sexuellen Reizung einer anderen Person«.[2] Diesen Schluss finde ich nicht naheliegend.

Denn zum einen sehen wir an der Geschichte der Nacktheit, wie sich Schamempfinden dramatisch über Moden verändern kann. So beschreibt auch Soziologe Kaufmann Scham *für Nacktheit* als etwas sehr Junges: »Die Geschichte strotzt vor Brüsten und Hintern, die ohne großes Geziere den Blicken der Öffentlichkeit ausgesetzt werden (…): die maskuline Ästhetik nackter Athleten bei den Griechen, die religiöse Ethik nackter Prozessionen im Mittelalter, die Zeremonien des ›durchbohrten Stuhls‹ im 17. Jahrhundert.«[3] Dabei handelt es sich um einen Toilettenstuhl, von dem aus Ludwig XIV. während seines Stuhlgangs öffentliche Zeremonien abhielt. »In jeder Gesellschaft konnten bestimmte Körperteile von Männern und Frauen, einschließlich der intimsten, manchmal auf sehr großzügige Weise, manchmal mit mehr Zurückhaltung, gezeigt werden. Dies geschah von einer Gesellschaft zu anderen selten mit denselben Körperteilen oder auf die gleiche Weise und aufgrund derselben Motive.« Zum anderen wissen wir heute aus der psychologischen und neurowissenschaftlichen Forschung, dass wir Gedanken und Gefühle wie zum Beispiel Scham, die wir unser Leben lang für intrinsisch hielten, also für aus uns selbst kommend, tatsächlich sogar selbst und eigenständig mit kognitiven Methoden der Reflexion, Achtsamkeitslehre, Psychotherapie sowie durch neue soziale Kontakte und deren Gepflogenheiten gezielt verändern können. Und schließlich sehen wir – und das finde ich das wichtigste Argument –, dass unsere Gesellschaft *shaming* eben gerade *nicht* konstant auf alle Menschengruppen gleichermaßen anwendet, sondern rassistisch, sexistisch, klassistisch auf bestimmte Menschengruppen. So schafft unsere Gesellschaft über das Mittel der Scham, von *bodyshaming* bis *slutshaming*, effektiv Machtverhältnisse.

Elias folgend sehe ich Schamempfinden, auch wenn es sich oft wie angeboren anfühlt, weil es nicht steuerbar erscheint und sogar körperliche Reaktionen wie Rotwerden hervorrufen kann, als einen gesellschaftlichen Prozess. Das Bloßstellen über Scham ist ein komplexer gruppendynamischer Prozess, der sich über Jahrzehnte oder Jahrhunderte entwickeln und wandeln und gegen bestimmte Gruppen richten kann oder auch, wie zum Beispiel bei Mobbing, durch gemeinsame Beschämung gegen ein Individuum. Körperscham ist somit Elias und vielen weiteren folgend gesellschaftlich gemacht und historisch gesehen ziemlich jung. Wie aber kam es zur Beschämung der nackten »weiblichen« Brust?

Wie Scham über den weiblich gelesenen Körper kam

Dass vor allem der weibliche Körper im Laufe der Geschichte zu einer Sittenfrage geworden ist, liege an den großen monotheistischen Weltreligionen, so Julia Asher-Greve und Deborah Sweeney, die sich mit der Geschichte der Nacktheit beschäftigt haben.[4] Mit der Ausbreitung des jüdisch-christlich-muslimischen Monotheismus sei es zum Gebot geworden, dass Frauen sich verhüllen müssen. Christliche Missionare zwangen es dann in kolonisierten Weltregionen auch indigenen Völkern Amerikas, Afrikas, Australiens und der pazifischen Inseln auf, unter denen Nacktheit und Barbusigkeit bis dahin die Norm waren.[5] So tanzen zum Beispiel indigene Frauen in Australien bis in die Gegenwart oben ohne, wie 2004 in einem öffentlichen Park in Alice Springs, und forderten eine Entschuldigung, als die Polizei sie davon abhalten wollte, denn der Oben-ohne-Tanz sei »Teil unserer Kultur«, so der Vorsitzende der zentralen Landesvertretung der Aboriginals, Kunmanar Breaden.[6]

Dass sich das Patriarchat vor allem über Brüste entrüstet, ist also *man made*, nicht etwa naturgegeben. »In einigen Kulturen Afrikas und des Südpazifik etwa, in denen sich Frauen seit Urzeiten mit unbedeckten Brüsten bewegen, hat die Brust nicht die überwiegend erotische Bedeutung angenommen, die sie in der westlichen Welt hat«, schreibt die US-amerikanische Geschlechterforscherin Marilyn Yalom in *Eine Geschichte der Brust* (1997), der ersten größeren Kulturgeschichte der weiblichen Brust.[7] Wann allerdings wo weltweit Nippel und insbesondere Frauennippel aus der Öffentlichkeit verschwanden, können weder Yalom noch andere historisch lückenlos nachvollziehen. Es lassen sich nur Anhaltspunkte in der Geschichte finden. Und danach waren auch Frauenbrüste durchaus in vielen Weltregionen und zu vielen Zeiten in der Öffentlichkeit zu sehen, vor allem in warmem Klima. Und zu manchen Zeiten mussten auch Männerbrüste verhüllt sein.

Dass wir in Europa Kleidervorschriften vor allem an Frauen richten – zu langer Rock, zu kurzer Rock, Haare bedecken, Bauchnabel verdecken, Brüste verdecken –, ist nämlich eine jüngere Entwicklung. Denn stärker als die Geschlechter unterschied unsere Kleiderordnung zunächst die Klassen (robust für die arbeitende Klasse, ausschweifend für den Adel), wie unter anderem die Kulturwissenschaftlerin Barbara Vinken in ihren Arbeiten beschreibt.[8] Dass das Geschlecht in den Vordergrund trat, lag an Aufstieg und Konsolidierung des Bürgertums, das eine öffentliche und private Sphäre prägte sowie eine geschlechtsbezogene Trennung in Erwerbsarbeits- und Hausarbeitssphäre mit der Frau am Herd. Kleiderordnungen im Mittelalter und in der frühen Neuzeit unterschieden zwar schon zwischen den Geschlechtern, wie die Kulturwissenschaftlerin Anja Zimmermann in ihrem 2023 erschienenen Buch *Brust – Geschichte eines politischen Körperteils* beschreibt, doch ging es da noch kaum um Nacktheit. »Sehr sorgfältig wurde zwischen dem unterschieden, was sich für eine Frau, und jenem, was sich für einen Mann ›schickte‹. 1365 wurde in Speyer Frauen das Tragen von Männermänteln untersagt. So wurde der Unterschied der Geschlechter nicht nur ablesbar, sondern zugleich hergestellt.« Dabei geht es aber neben der Unterscheidung der Geschlechter vor allem darum, wie viel Reichtum die Kleidung ausdrücke, wenn zum Beispiel »die Hamburger Kleiderordnung vom 7. September 1500 die Art der Bekleidung der Frauen vom Steueraufkommen ihrer Ehemänner abhängig machte. Bei unverheirateten Frauen richtete sich die Erlaubnis, ob sie ›Borte oder Brusttücher‹ oder gar ›Goldspange[n] mit Steinen und Perlen‹ anlegen durften, nach dem Vermögen ihrer Eltern. Erlassen wurde diese Ordnung ohnehin nur, um die ›Zierung und Pracht der Frauen zu mäßigen‹«.[9] Nacktheit wird schon erwähnt, ist aber eher nebensächlich, so Zimmermann. »So findet sich zum Beispiel in einer Limburger Chronik aus der Zeit, nachdem die Pest die Stadt heimgesucht hatte, der Hinweis, dass die Menschen nach den schlimmen Monaten ›wider an[fingen] zu leben unde frolich zu sein‹. Bemängelt wird hier zwar auch ausdrücklich der ›die Brust bloßlegende [...] Zuschnitt‹ der neuen Kleidung der Frauen, an anderer Stelle auch einmal die ›zu großen‹ Ausschnitte ihrer Kleider. Wesentlich wichtiger aber waren den städtischen Magistraten und Territorialherren, die diese Ordnungen erließen, in den schriftlichen Verordnungen Dinge wie etwa die Farben der Kleidung. Dies allein schon deswegen, weil die Farben aufgrund ihrer sehr unterschiedlichen Herstellungskosten auf Reichtum, bescheidene Mittel oder blanke Armut verwiesen und damit ein wichtiger Beitrag zur sozialen Differenzierung waren. Königlicher Purpur und grau-braune, ungefärbte Schafwolle waren auf den ersten Blick zu unterscheiden.«[10] Wann, wo und wie viele Frauen in Europa in der Geschichte oben ohne trugen, ist nicht eindeutig nachzuvollziehen, es war aber bis ins 17. Jahrhundert deutlich verbreiteter als heute. So ist zum Beispiel im 16. Jahrhundert die englische Königin Elisabeth I. am Hof häufig mit nackten Brüsten aufgetreten, »das war normal und ein Zeichen von Potenz«, schildert die Kulturwissenschaftlerin Mithu Sanyal.[11] Auch im England des 17. Jahrhunderts war es »ziemlich gewöhnlich, dass Frauen ihre nackten Brüste in der Öffentlichkeit zeigten«, wie eine Studie der Universität Warwick von 2004 nachweist: »Während Janet Jacksons Zeigen ihrer rechten Brust beim Superbowl Anfang dieses Jahres als unverschämt betrachtet wurde, hätte eine solche Entblößung im 17. Jahrhundert nicht mehr als ein Augenbrauenzucken hervorgerufen.«[12] Aufwändige Gemälde, erhaltene Kostüme sowie illustrierte Balladenbücher, die »populärsten« Medien der Zeit, belegen, dass Königinnen, Adelige und Prostituierte häufig eine oder beide Brüste in der Öffentlichkeit nackt zeigten, so unter anderem Königin Mary I. von England. »Die Haute Couture wurde am Hofe etabliert und von allen Klassen kopiert«, so die Studie der Uni Warwick, auch von »gewöhnlichen Frauen«. Über Jahrhunderte hätten populäre Medien Frauen oben ohne gezeigt. Die Balladenbücher mit den Oben-ohne-Frauen wären von Frauen wie von Männern gekauft worden, Frauen hätten daraus »die jüngste Mode« abgelesen. Dabei waren die Halbnackten nicht negativ oder überhaupt einseitig moralisch aufgeladen. Denn, so die Studie, barbusig wurden »sowohl harmlose als auch verführerische als auch gefallene« weibliche Balladenfiguren illustriert.

Scham für die nackte Brust entstand in Europa somit laut vielen Forschenden erst gegen Ende des Mittelalters, ab dem 16. und vor allem 17. Jahrhundert. Jean-Claude Kaufmann schreibt: »Mit dem Ende des Mittelalters begann man, weibliche Nacktheit mit Begierde zu identifizieren, und bekam der Anblick des Nackten diese erotische

Konnotation, die wir heute kennen (...). Erst als die moderne Form partnerschaftlicher Gefühle entstand, die von Anfang an verknüpft war mit der Begierde, die durch die Betrachtung des weiblichen Körpers hervorgerufen wird, fixierte sich die schmachtende Aufmerksamkeit der Sehnsüchtigen auf den bis dahin vergessenen Busen (...), der neue männliche Blick brachte die Frauen unausweichlich dazu, ihren Oberkörper zu zeigen.«[13] Die mehr oder weniger freigelegte weibliche Brust ist unter Schamdiktat und Patriarchat natürlich selten frei im eigentlichen Sinne, sondern limitiert durch Zwänge – auch durch einzwängende Korsette. Das Korsett, das sich langsam seit dem 11. Jahrhundert in der Aristokratie verbreitet hatte, sei Sinnbild für Elias' Prozess der Zivilisation, so Kaufmann: »Dieses Formen des von Prothesen gehaltenen weiblichen Körpers entspricht genau dem Beginn des von Norbert Elias analysierten Prozesses der Zivilisation.« Die Hochphase der Scham generell, unabhängig vom Geschlecht, sieht Kaufmann dann wie viele andere im 19. Jahrhundert, »diesem Jahrhundert der Schamhaftigkeit«, wo »Rigidität und Puritanismus (...) ihren Höhepunkt erreichten«.[14] Die Kirche lehnt alles ab, was irgendwie modern ist, die bürgerliche Moral kommt nun erst richtig auf, umweht von vermeintlich aufklärerischen Ansichten wie der Immanuel Kants, Selbstbefriedigung sei schlimmer als Selbsttötung.[15] Öffentliche Nacktheit setzen Machthabende außerdem immer wieder ein, um Menschen zu erniedrigen, erklärt Historikerin und Nacktheits-Expertin Maren Möhring von der Universität Leipzig in der ARTE-Dokumentation *Hüllenlos – Die Geschichte der Nacktheit.*[16] Das geschieht vom Alten Testament, in dem die Babylonier zum Inbegriff des Bösen und stets nackt und sexuell ausschweifend dargestellt werden, bis zu den Folterungen im US-besetzten irakischen Abu Ghraib, wo die Gefangenen nackt und entstellt fotografiert und der Öffentlichkeit preisgegeben wurden.[17] Öffentliche Nacktheit zeige, wer Macht hat und wer in der Lage sei, sie anderen aufzuzwingen, erklärt auch Historiker Sylvain Villaret in der gleichen Dokumentation: »Es kann die Kirche sein, es kann der Staat sein, es kann eine soziale Gruppe sein. Es bedeutet letztlich, dass deren Vorstellung von Nacktheit diejenige ist, die legitim wird.«[18]

Dabei steht der weibliche Körper ab dem 19. Jahrhundert im Mittelpunkt vielfältiger Beschämungspraktiken, analysiert Ute Frevert, Historikerin und Direktorin des Forschungsbereichs »Geschichte der Gefühle« am Max-Planck-Institut für Bildungsforschung in Berlin: »›Schamhaftigkeit‹ war für Frauen eine *conditio sine qua non*; als schamlos galten jene, die ihren Körper verkauften oder verschenkten.«[19] So kennen wir Beschämungen von Frauen zum Beispiel aus dem Zweiten Weltkrieg, schildert Frevert. »Nach dem Krieg entlud sich der ›Volkszorn‹ in Frankreich, Italien, Polen und vielen anderen Ländern an jenen einheimischen Frauen, die Liebesbeziehungen mit deutschen Besatzungssoldaten unterhalten hatten: Ihnen wurde öffentlich der Kopf geschoren.« Die Beschämung geschieht also häufig nicht nur präventiv, damit ein selbstbestimmtes Verhalten gar nicht erst eintritt, sondern auch nachträglich, als Abschreckung für andere. Frevert nennt ein weiteres Beispiel aus der jüngeren Geschichte, in dem Frauen die Beschämungspraktik sogar explizit benennen. 2014 machten indische Frauen in Delhi mit der Kampagne »Spot of Shame« auf sogenannte »Orte der Beschämung« aufmerksam wie den Khan Market, an dem ein Mann die 16-jährige Laxmi 2005 mit Säure übergossen hatte, nachdem sie ihn als Verehrer abgewiesen hatte. Für die Zurückweisung rächte der Mann sich, indem er ihr Gesicht und weitere Teile ihres Körpers in aller Öffentlichkeit unwiederbringlich zerstörte. Gegen diese öffentliche Demütigung und Beschämung richtete sich die Kampagne »Spot of shame«.

Die Beschämung des weiblichen Körpers ist eben vielfältig: von Gewalt und Tötung bis zu Diskursen und Kleiderordnungen. »Nur« materiell schädlich für die Betroffene sowie vermutlich psychisch belastend war der Umgang mit Janet Jackson: für ihre entblößte Brust eine öffentliche Entschuldigung nach der anderen zu fordern, sie von Radiosendern und Fernsehshows zu verbannen und sie wie Letterman nicht mehr auf ihre Kunst anzusprechen, sondern nur noch auf ihren Körper zu reduzieren. Wie Janet Jackson nach Lettermans Aussage »Ich bin nicht sicher, ob das Publikum genug davon hat« zu Boden guckt, ist typisch für Schamempfinden. Die Sozialphilosophin Kate Manne beschreibt in ihrem Buch *Down Girl – Die Logik der Misogynie* (2019): »Scham hat einen sozialen Sinn. Sie führt typischerweise zu einem Wunsch, die Sichtlinien zwischen sich selbst und dem anderen zu unterbrechen. Wir sprechen von dem Wunsch, das Gesicht zu verbergen, und vom typischen beschämten Aussehen – mit gesenktem Kopf und Blick.«[20] Auch wenn Jacksons Beschämung harmloser ist als eine Säureattacke, bleibt sie doch wirkungsvoll für potentielle Nachahmer*innen. Denn die Beschämung besagt: Du kannst als Nicht-Mann so erfolgreich und selbstbestimmt sein, wie du möchtest, »oben ohne« bleibt ein Privileg für Männer.

Dass es trotz feministischer Bewegungen und Errungenschaften immer noch so oft gelingt, Frauen für ihren Körper mit Scham zu erfüllen, hat mit der tiefsitzenden dichotomen Vorstellung *Mann=Geist* und *Frau=Körper* zu tun. Während Männer sich in unserer Gesellschaft leichter für sanftmütige Gefühle beschämen lassen, weil das bedeute, dass sie ihren Verstand nicht unter Kontrolle haben, lassen sich Frauen leichter für ihren Körper beschämen – und Nicht-Binäre für ihre ganze Existenz, weil sie ja nicht vorgesehen ist. In diesem Narrativ dürfen Männer nicht weinen und Frauen nicht auf ihr Äußeres scheißen. Denn wer einen Körper nicht einfach nur *hat*, sondern ein Körper *ist*, beweist seinen Wert damit, dass er diesen Körper für den Blick von außen in Ordnung hält. Tun Frauen das nicht oder nicht ausreichend, erklären wir ihre Körper für verbesserbar, falsch, obszön. Ignorieren sie Beschämungen, zum Beispiel indem sie sich einfach selbstbestimmt obenrum ausziehen wie Männer, erklärt das Patriarchat dies als »verstörend«, »provokant«, »belästigend« oder zum »öffentlichen Ärgernis«. Denn: »In einer patriarchalen Gesellschaft werden insbesondere Frauen beschämt, weil es ein Instrument zum Erhalt von Macht und Herrschaft ist und es in dieser Gesellschaft wichtig ist, das Verhalten oder die Körper von Frauen zu kontrollieren. (…) Scham ist eine Methode, Menschen auf ihren Platz zu verweisen«, so Schamforscherin Laura Späth. Dabei würden aber selten nur einzelne Facetten einer Person beschämt, beschreibt sie, sondern Scham beziehe sich auf die *ganze* Person. »Beim Schamgefühl steht eigentlich unsere Identität als Ganzes auf dem Spiel.«[21]

Wann insbesondere weiblich gelesene Menschen sich für nackte Körperstellen schämen sollen, unterschied sich in der Geschichte und je nach Kultur immer wieder, mal sollten sie sich für Knöchel schämen, mal für Schenkel, mal für Nacken, mal für Dekolletés, mal für Haare. Ob wir aber den ganzen Oberkörper zeigen, diese Frage stellte sich für alle Geschlechter im kalten Europa vor allem zur warmen Zeit – und zum Baden und Sonnenbaden.

Wie Badekleidung aufkommt – und das Oben-ohne-Privileg für Männer

Wenn Menschen früher überhaupt badeten, so taten sie dies lange nackt. Das beschreiben unter anderem Walter Kiefl und Mariana Marinescu in ihrem Buch *»Oben ohne«*

oder das unsichtbare Kostüm von 2003, in dem sie die Geschichte der Oben-ohne-Kultur – vor allem Deutschlands und Europas – untersuchen und auf das ich mich auf den nächsten Seiten immer wieder dankbar beziehe. Die Menschen in Europa badeten, so Kiefl und Marinescu, nackt in römischen Badehäusern, in mittelalterlichen Badestuben, in Kurbädern des 17. Jahrhunderts und an der Nord- und Ostsee im 18. Jahrhundert. Denn der Strand wird erst im 18. Jahrhundert so richtig erfunden, so der Soziologe Jean-Claude Kaufmann. Bis dahin war das Meer entweder Abfallbehälter oder Ort des Grauens und der Gefahren. Doch im 18. Jahrhundert entsteht ein neuer Blick auf das Meer und den Sand davor. Zunächst gilt er als Raum für Ertüchtigung und für militaristische und maskuline Gymnastik, was auch in Form von Schwimmen und Ballspielen erhalten bleibt. Später wird der Strand, so Kaufmann, auch Ort der Rekonvaleszenz und Regeneration, lädt zum Träumen ein, zum Verweilen, zum Treibenlassen.[22] Mit zunehmendem Gesundheitsbewusstsein wird das Baden dann populärer. Im deutschsprachigen Raum weisen Turnvater Jahn und Tuberkulosebekämpfer Robert Koch auf den gesundheitlichen Wert des Badens hin. Badeorte werden voller und enger. Und in der Folge – wie schon bei Elias' Theorie von der räumlichen Enge und der höheren Abhängigkeit voneinander – etablieren sich auch am Strand in der Enge Sittlichkeitsvorschriften. Das heißt manchmal geschlechtergetrennte Bereiche, manchmal heißt es auch Badewagen, mit denen man direkt ans Ufer vorfährt und von denen aus man über eine hölzerne Treppe direkt nackt und ungesehen ins Wasser kann. Nicht jeder aber hat einen Badewagen, und separat nach Geschlechtern baden ist auch nicht immer erstrebenswert. Als praktischer erweist sich deswegen für die Mehrheit: Badekleidung. Bei Männern ist das zunächst, so badete zum Beispiel Goethe, eine leinene Weste und eine Hose, bei Frauen eine Bluse mit Mieder darunter sowie eine Hose und eine Badehaube, so Kiefl und Marinescu. Weil die langen Gewänder aber sowohl fürs Baden als auch fürs anschließende Trocknen hinderlich sind, werden die Kleider bald enger und kürzer. Hinzu kommt, dass Bräune, die eigentlich im Adel lange als vulgär und bäuerlich galt, weil sie von Draußen-Arbeit zeugte, zunehmend beliebter wird. So werden Ende des 19. Jahrhunderts Hosenbeine kürzer, Arme bleiben unbedeckt, der Hals wird freigelegt sowie der Rücken. Einteilige Badeanzüge sind zunächst Männern vorbehalten, werden aber in den 20er Jahren des 20. Jahrhunderts von Frauen übernommen. Diese Badeanzüge, vor allem die der Frauen, werden in diesem ausgelassenen Jahrzehnt immer knapper. Die Zeit ist geprägt von Jazz, Bars, Kabarett, Lesben- und Schwulenszene und der Neuen Frau, die selbstbestimmt lebt, sich aktiv ins öffentliche Leben einbringt und schließlich sogar verstörend kurze Haare und Röcke trägt. »Die Frau ist aus doppeltem Grund die Speerspitze der Bewegung«, schreibt Jean-Claude Kaufmann. »Sie wurde stärker als der Mann in Korsette geschnürt, und die allgemeine Bewegung der Körperbefreiung war verknüpft mit ihrer Emanzipation.«[23] Die 20er Jahre bereiten, so Kaufmann, »das Terrain für die große Strandentblößung der Nachkriegszeit«. Doch vorher würde es erst noch einen gewaltigen Rückschritt geben, denn die faschistische Machtergreifung steht bevor.

Konservative und Rechte sehen in der generellen Liberalität und darunter auch in der immer knapper werdenden Bademode eine Gefahr für die öffentliche Sicherheit und Ordnung. So wollen sie – auch beim Baden – die Sitten schützen. Es hatte schon vorher einzelne lokale Vorschriften zur Badebekleidung in manchen Städten gegeben, aber nun soll ein einheitliches Gesetz die Sitten für Nacktheit beim Baden regeln: Das Preußische Innenministerium beschließt 1932 den sogenannten »Zwickelerlass«. Der Zwickel ist hier ein Stück Stoff, das zwischen den Beinen innen in die Hose eingenäht ist, um die Formen der Geschlechtsteile abzudämpfen, ähnlich wie die Nippel-Patches hundert Jahre später – alles hübsch plattmachen. Der »Zwickelerlass«, wie der Volksmund ihn nennt, heißt offiziell »Badepolizeiverordnung« und schreibt auf den Zentimeter genau fest, wie weit der Badespaß geht. Paragraph 1 besagt unter anderem: »Das öffentliche Nacktbaden ist untersagt. Frauen dürfen öffentlich nur baden, falls sie einen Badeanzug tragen, der Brust und Leib an der Vorderseite des Oberkörpers vollständig bedeckt, unter den Armen fest anliegt sowie mit angeschnittenen Beinen und einem Zwickel versehen ist. Der Rückenausschnitt des Badeanzugs darf nicht über das untere Ende der Schulterblätter hinausgehen. Männer dürfen öffentlich nur baden, falls sie wenigstens eine Badehose tragen, die mit angeschnittenen Beinen und einem Zwickel versehen ist. In sogenannten Familienbädern haben Männer einen Badeanzug zu tragen. Die vorstehenden Vorschriften gelten nicht für das Baden in Badeanstalten, in denen Männer und Frauen getrennt baden.«[24] Der Zwickelerlass trennt also beim gemeinsamen Baden aller Geschlechter in männliche und weibliche Oberkörperbekleidung: Beim gemischtgeschlechtlichen Baden sind Männernippel okay, außer vor Kindern, Frauennippel *nicht*. Die männliche Brust wird also anders behandelt als die weibliche. Schon vorher hatten sich Männer nur in Badehose gezeigt, 1919 Reichspräsident Friedrich Ebert und sein Reichswehrminister Gustav Noske auf einem Foto vom Baden an der Ostsee, doch nun wird es amtlich: Mit dem »Zwickelerlass« wird 1932, ein Jahr vor der Machtübernahme Hitlers und im bereits vorherrschenden faschistischen Zeitgeist, ein Oben-ohne-Privileg für Männer beim Baden rechtlich manifestiert.

Dieser äußerst akribische Versuch, Bademode zentimetergenau rechtlich zu regeln, wird zum Synonym für lächerliches Obrigkeitsdenken. Über den »Zwickelerlass«

ganz generell, also weniger über das aufgekommene Oben-ohne-Privileg als über die ganze Thematisierung von Nacktheit, amüsieren sich Liberale, Linke, Frauenrechtlerinnen und Kabarettist*innen. In Leipzig verzieren Unbekannte eine Kugelstoßer-Bronzeskulptur mit einer Zwickel-Badehose und der Aufschrift »Wenn der Zwickel falsch ist, bitte ich um Verzeihung! Ein Deutscher.« Eine Versammlung der Frauenzeitschrift *Der Weg der Frau* mit dem Thema *Der Zwickel im Wandel der Zeiten* wird aufgelöst, weil die Besucherinnen ein politisches Lied gesungen hätten.[25] Und in Berlin feiern Kommunist*innen eine Matinée, auf der ein Schnellzeichner Karikaturen zeichnet, die den Zwickelerlass mit der Reichswehr in Verbindung bringen, wofür er wegen »Verächtlichmachung der Reichswehr und der Reichsregierung« verhaftet wird.[26] Im preußischen Landtag tobt ein Kulturkampf zwischen reaktionär-konservativen und liberal-linken Kräften. Der kommunistische Abgeordnete Wilhelm Kasper hält ein Foto des preußischen Kronprinzen Wilhelm mit zwickel*freier* Badehose in die Höhe und sagt, der Zwickelerlass sei »Ausfluss eines wirklich von Blödheit völlig verwirrten Gehirns«, gefährlich für Ordnung und Sittlichkeit sei das kapitalistische System und nicht etwa die Bademode.[27] Doch die reaktionäre Front lässt sich nicht beirren. Wer den Zwickelerlass missachtet, muss bis zu 150 Mark Strafe zahlen – das ist damals irre viel –, und auf Hiddensee machen 1932 Polizisten Jagd auf Badegäste. Beim Baden kollidiert also die Freizügigkeit einiger sehr liberaler Milieus mit der wilhelminischen Prüderie der Weimarer Republik. Dem Zentrumspolitiker Franz Graf von Galen geht es um die »sittliche Erneuerung des Volkes auf dem Boden des Christentums«[28]. Den reaktionären Vertretern im Preußischen Landtag ist vor allem das *Nacktbaden* ein Dorn im Auge.

Das Nacktbaden war in der Weimarer Republik zum populären Freizeitvergnügen geworden. Es stand für Freiheit,

Naturverbundenheit, Gesundheit. Viele waren der industrialisierten und urbanisierten Gesellschaft überdrüssig, suchten Erholung an der frischen Luft und unter der Sonne, in sogenannten »Lichtluftbädern« oder »Sonnenbädern«. Vor allem in den Arbeitervierteln leben die Menschen eng beisammen, Stresssymptome sind weit verbreitet. »Es gab sehr beengte Wohnverhältnisse in lichtarmen Wohnungen. Und das hat dazu geführt, dass immer mehr Menschen das Bedürfnis hatten, raus in die Natur zu gehen«, erklärt Historikerin Maren Möhring von der Universität Leipzig.[29] In deutschen Seebädern hatten schon im 19. Jahrhundert Ärzt*innen hüllenloses Baden empfohlen, wie Kiefl und Marinescu zitieren: »Für die günstige Wirkung des Bades ist die unmittelbarste Berührung des Wassers mit dem Körper durchaus erforderlich und wenn überhaupt Bestandteile des Seewassers in die Haut eindringen können, ist dies gewiß nur bei unbedecktem Körper möglich.«[30] Eine naturistische Bewegung war, ebenfalls um 1900, auch in Frankreich entstanden. Im schweizerischen Tessin machte zu Beginn des neuen Jahrhunderts die Naturheilanstalt »Monte Verità« mit ihren Nackten von sich reden. Und in Österreich fand die Freikörperkultur in den 20ern in der Wiener Lobau große Beliebtheit bei jungen Menschen und in der Arbeiterklasse. In Deutschland wurde der erste offizielle Freikörperkulturverein 1898 im Ruhrgebiet gegründet, das Zentrum des Nacktbadens lag aber eher an der Küste und um das liberale Berlin herum. An vielen Orten im Deutschen Reich waren Nacktbadestrände eröffnet worden, mit Gymnastikwiesen, Schwimmteichen und Sportbahnen.

Die Freikörperkultur war eigentlich eher politisch links, stand der sozialistischen Arbeiterbewegung nahe und sah sich von Anfang an Anfeindungen durch konservative und faschistische Kräfte ausgesetzt. So standen von den 80.000 organisierten FKK-Anhänger*innen 1930 rund drei Viertel der sozialistischen Bewegung nahe. Und der sozialistische

FKK-Vertreter Adolf Koch aus Berlin-Kreuzberg ist der Ansicht, mit FKK »die Arbeiterschaft mit neuem Stolz zu erfüllen und den Körper fit zu machen für den Klassenkampf«, so Historikerin Möhring.[31] Gleichzeitig fühlten sich aber auch immer wieder Menschen mit völkischen, rassistischen Ideologien von der Freikörperkultur angezogen. Das zeigt sich unter anderem in Schriften zur *Nacktgymnastik*, wie Maren Möhring analysiert: »Idealschöne Nacktheit ist als ›Auszeichnung‹ allein der sog. ›nordischen Rassen‹ konzipiert.«[32] Der durch die Zivilisation »deformierte« Körper sollte wieder in einen »natürlichen Zustand« kommen. Das Vorbild war die antike Statue und es galt, größtmögliche Ähnlichkeit mit ihr herzustellen. Antike und Natur waren Symbol für Ursprünglichkeit. Die deutschen Nacktkulturfans versuchten sich mit der Anlehnung ans alte Griechenland zum einen von der römisch-französischen Kultur abzugrenzen, so Möhring. Zum anderen bezogen sie sich auf die Altertumswissenschaft des 19. Jahrhunderts, die den ägyptischen und semitischen Einfluss auf die griechische Antike eher abtat und den germanisch-nordischen betonte. Dabei zogen die Nudisten auch immer wieder Rassentheoretiker wie den Schriftsteller Joseph Arthur de Gobineau heran. Der hatte, so Möhring, »Textstellen antiker Autoren gesammelt, in denen blondes Haar und blaue Augen bei den Griechen erwähnt sind«. »Auch die Weiße der Marmorstatue wurde als Beweis für die Hellhäutigkeit der Griechen beschworen. Die genannten ›Schönheitszeichen‹ sollten die Griechen als überlegene ›Rasse‹ ausweisen.«[33] Ihre eigene bürgerliche Nacktheit sahen sie im Übrigen in starkem Kontrast zu einer »primitiven« Nacktheit, die sie Naturvölkern zuschrieben. Die Nacktgymnastik ermöglichte außerdem, neben Bewegungsfreiheit und besserer Hautatmung, eine »Begutachtung des Körpers« – vor allem des Körpers der anderen, so Möhring. »Um einen sog. ›degenerierten Nachwuchs‹ zu verhindern, sollten sich potentielle EhepartnerInnen vor der Hochzeit gegenseitig nackt mustern und dabei die ›Schönheits‹- wie ›Entartungszeichen‹ am Körper des bzw. der anderen studieren.« Bei dieser nackten Gattenwahl ging es unter anderem »auch darum, *den unsichtbaren Juden* an seiner Beschneidung ausfindig zu machen« oder auch der Homosexualität vorzubeugen, da sich sonst in geschlechtergetrennten Räumen nur Männer gegenseitig nackt sähen oder Frauen sich gegenseitig, was »Päderasten und Lesbierinnen« hervorbrächte, wie Möhring die nudistischen Autoren zitiert.[34] Zu dieser Nacktkultur haben die Nazis ein ambivalentes Verhältnis. Den freiheitlichen Teil lehnten sie wegen Verdachts der Sittenlosigkeit ab, den Kult um »Reinheit« nicht, so Kiefl und Marinescu.[35] Er passt zur rassistischen, antisemitischen, homofeindlichen, sexistischen und behindertenfeindlichen Ideologie des deutschen Faschismus. »Was die Nudistenbewegung angeht, waren die führenden Nazis geteilter Meinung. Doch nachdem die Organisationen ihre jüdischen und kommunistischen Mitglieder ausgestoßen hatten, durften sie nackt weiterbaden«, erklärt die Historikerin Dagmar Herzog. Organisiertes Nacktsein wird ab 1933 nur noch systemkonformen Nudisten erlaubt, die sich im »Kampfring für völkische Freikörperkultur« gleichschalten lassen, dem späteren »Bund für Leibeszucht«.[36]

Was die Nacktheit nur *obenrum* angeht, bleibt festzuhalten: Mit dem »Zwickelerlass« wird 1932 im geistigen Vorfeld des deutschen Faschismus Bademode erstmals überhaupt so umfassend und detailliert festgeschrieben und vor allem *binär geordnet.* Baden Erwachsene gemischtgeschlechtlich, gilt ein Oben-ohne-Privileg für Männer.

Wann es an anderen Orten auf der Welt zur binären und hierarchischen Trennung der Oberkörperkleidung kam, ist schwer zu recherchieren, weil die Frage selten aufgeworfen wird. In den USA entstand das Oben-ohne-Privileg für

Männer aber zu ähnlicher Zeit wie in Deutschland, nämlich in den 30er Jahren. Im 19. Jahrhundert und Anfang des 20. Jahrhunderts war »oben ohne« auch für Männer in den meisten Bundesstaaten und Städten verboten, auch am Strand.[37] Doch immer wieder widersetzen sich Männer diesem Verbot – so wie heute manche Frauen. In New York müssen 1934 acht Männer Bußgeld zahlen, als sie sich oberkörperfrei zeigen, weil es laut Richterin »viele Menschen gibt, die Einwände dagegen haben, so viel von Ihren entblößten Körpern zu sehen«.[38] Die *Associated Press* schreibt: »Die Stadtväter bestehen auf kompletten Badeanzügen – Oberteil und Badehose, oder einteilige Anzüge, die beides verbinden.« Auch als Clark Gable im gleichen Jahr in *Es geschah in der Nacht* als Erster seinen nackten Oberkörper in einem Film zeigt, ist dies ein Skandal. Und in Atlantic City müssen ein Jahr später 42 Männer Strafen zahlen, als sie oben ohne sind, und die Ordnungsbehörden kommentieren: »Wir werden keine Gorillas an unseren Stränden haben.«[39] Doch von Hollywood bis an die Strände wandelt sich eben das Verhalten und das dazugehörige Scham- und Peinlichkeitsgefühl. Nachdem immer wieder Männer oder Männergruppen oben ohne an Stränden erscheinen, wird ihnen schließlich ein Jahr später, 1936, das Zeigen ihres Oberkörpers in den USA rechtlich erlaubt. Die Bademode wird so in den USA wie an vielen Orten Europas binär – und hierarchisch. Aus der anfangs langen Badekleidung für alle Geschlechter sowie anschließend dem Badeanzug für alle Geschlechter wird dann: Badehose einerseits und Badeanzug andererseits. Dass auch Frauen oben ohne gehen werden, zum Teil gegen Vorschriften und Ordnungen, und dass sich der Anblick nackter weiblicher Oberkörper plötzlich verbreitet und das Schamempfinden wandelt, das wird erst ausgelöst werden durch zwei Ereignisse: ein neues Kleidungsstück und eine globale Bewegung.

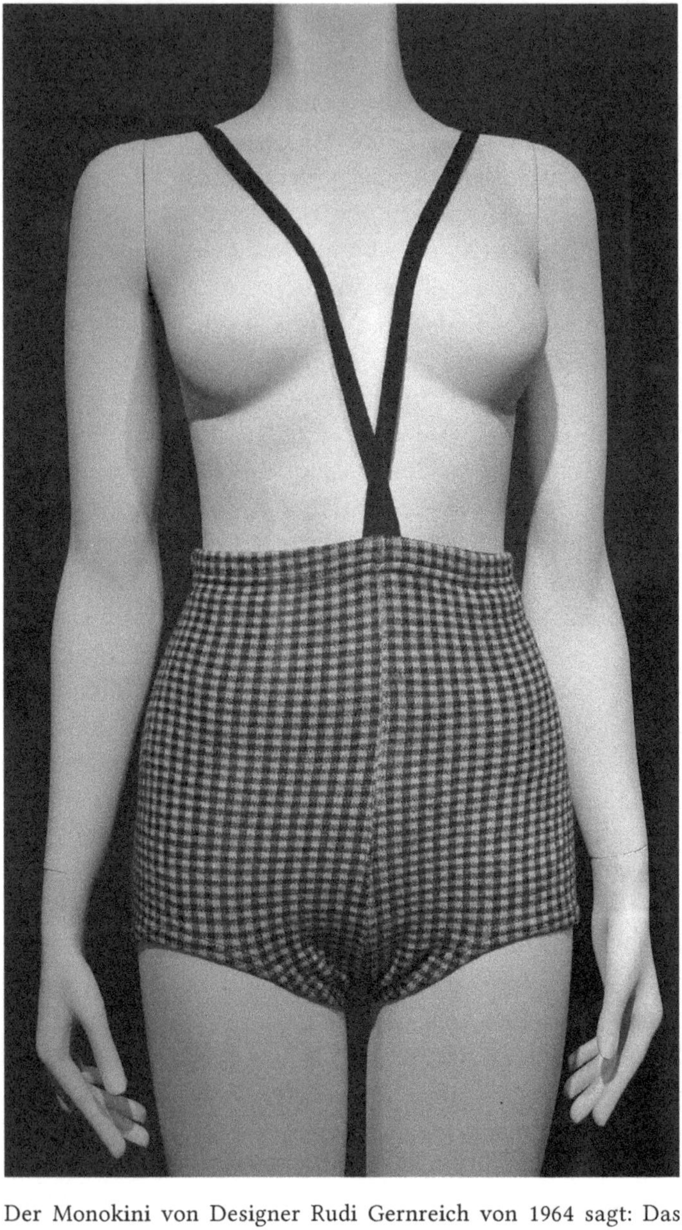

Der Monokini von Designer Rudi Gernreich von 1964 sagt: Das gehört so! Hier wurde kein Bikinioberteil vergessen, sondern hier handelt es sich um eine vollständige Badebekleidung.

Drop the bra. Free your mind.

FILM *FREE THE NIPPLE*, 2014

Obenrum frei?

Wie das Oben-ohne-Privileg ins Wanken geriet

Das Oben-ohne-Privileg für Männer beim Baden, in Deutschland in den 30er Jahren des 20. Jahrhunderts rechtlich festgesetzt, etabliert sich: Badehose für den Mann, Badeanzug für die Frau. Während Frauen, wie nach dem »Zwickelerlass«, nur baden dürfen, »falls sie einen Badeanzug tragen, der Brust und Leib an der Vorderseite des Oberkörpers vollständig bedeckt«, zeigen Männer von nun an, was sie haben: Brüste. Ein Ausdruck von Freiheit, ein Ausdruck von Macht. Diese binäre Ordnung und die Unterordnung der Frau bleiben auch mit dem Bikini bestehen. Denn der zeigt zwar schon den Bauch, verdeckt aber weiter die Brüste. Dennoch ist er für viele Ausdruck von Emanzipation. Der Bikini wird 1938 in den USA erfunden. Nicht, weil die Leute dort so liberal wären, sondern wegen kriegsbedingter Textilknappheit. *It's the economy, stupid.* Moralisch sind die US-Amerikaner*innen nämlich noch gar nicht bereit für einen nackten Frauenbauch, entsprechend setzt sich der Bikini dort erst Jahrzehnte später durch. In Europa wird er 1946 in Paris vorgestellt. Er soll so einschlagen wie die Atombombe, die die USA im gleichen Jahr auf das Bikini-Atoll in Ozeanien abgeworfen haben und nach dem das neue Kleidungsstück benannt ist – die atomare Verseuchung wird erst später bekannt werden. Doch auch in Europa gilt der Bauchnabel noch als so erotisch, dass der Bikini sich zunächst nicht durchsetzt. 1953 tragen zwar Marilyn Monroe und Brigitte Bardot einen Bikini. In der Masse kommt er aber erst in den 60ern an. Manche machen den US-Pop-Hit *Itsy Bitsy Teenie Weenie Yellow Polka Dot Bikini* von Brian Hyland aus dem Jahr 1960 mitverantwortlich, in dem sich eine junge Frau in ihrem neuen klitzekleinen, gelbgepunkteten Bikini zunächst nicht aus der Umkleide und dann nicht aus dem Meer traut. Möglicherweise stilbildend ist aber auch der *James Bond*-Film *Dr. No* von 1962, in dem Schauspielerin Ursula Andress in einem weißen Bikini aus dem Ozean steigt. Die Journalistin Beate Berger beschreibt diese Szene in ihrem Buch *Bikini – Eine Enthüllungsgeschichte* als die Geburtsstunde des neuen Frauenbilds: lässig, emotional unabhängig, kämpferisch, erotisch und Selbstversorgerin. Der Bikini sei Ausdruck und Antrieb im Kampf gegen die Tabuisierung des weiblichen Körpers und für die Ablösung des Schönheitsideals der 50er Jahre.[1] In dem dem Film zugrundeliegenden Buch trägt die Figur übrigens nur einen breiten Gürtel mit einer Schwertscheide und obenrum nichts. Aber im Film bleiben die Nippel bedeckt. Und so soll es auch erst mal bleiben: Die Frau bedeckt ihr Geschlechtsteil und ihre Brüste, der Mann bedeckt nur sein Geschlechtsteil. Der Bikini setzt sich in den 60ern immer mehr durch, an manchen Orten wie dem warmen Kalifornien sogar nicht nur an Stränden, sondern auch auf der Straße.[2] Das Schamgefühl, nach dem der weibliche Bauchnabel noch bis vor Kurzem obszön war, wandelt sich also ein weiteres Mal. Warum sollten Frauen dann also nicht auch obenrum alle Hüllen fallen lassen? Und tun sie das nicht eh schon hin und wieder?

Doch. Immer wieder hatten Frauen beim Baden auch mal ihre Brüste und Nippel gezeigt, indem sie – meist an abgelegenen Orten – schlicht ihre Badeanzüge runterrollten oder das Bikinioberteil ablegten, in Frankreich war das schon in den 30ern geschehen. In den 60ern soll aber ein Kleidungsstück sagen: »Oben ohne« ist eine durchdachte Entscheidung, ein Entschluss, ein Statement!

Es ist das Jahr 1964. Der österreichische Modedesigner Rudi Gernreich präsentiert den *Monokini.* Das ist eine hochgeschnittene Panty für Frauen, etwa im Stil von Männerbadehosen der 30er, aber mit Hosenträgern, die zwischen den Brüsten hindurch zu den Schultern gehen. Hatten Frauen früher schon mal lässig einfach das Oberteil weggelassen, sagt der Monokini: Ich bin ein *komplettes* Kleidungsstück, ganzheitlich, an mir fehlt nichts. Und das macht »oben ohne« erst zum Thema – auch wenn sich der Monokini weltweit vermutlich nur ein paar Tausend Mal verkauft, wie Kiefl und Marinescu in *»Oben ohne« oder das unsichtbare Kostüm* schreiben. Ein bisschen verkauft er sich in den USA und in UK, in Frankreich hingegen, wo einfach das Bikinioberteil weggelassen wird, weniger. In der Bundesrepublik hat den Monokini als erstes ein Laden in Köln im Angebot, in München finden sechs verfügbare Teile binnen weniger Stunden vor Fernsehkameras und Presse begeisterte Käuferinnen. Doch auch wenn mehr über den Monokini gesprochen wird, als dass er getragen wird, macht er »oben ohne« doch langsam populärer. An deutschen und französischen Stränden verbreitet es sich ab den 60ern peu à peu, dass auch Frauen nun nur noch eine Badehose tragen. Rudi Gernreich selbst und sein Designer-Kollege Emilio Pucci vermuten, in wenigen Jahren würden alle Geschlechter nur noch Badehose tragen.[3] Doch die neue Bewegung ist heftig umstritten. Die *New York Herald Tribune* beschreibt die Oben-ohne-Mode ironisch als »die brennendste Frage der Gegenwart«.[4] Die Ablehnung der neuen Bademode überwiegt weltweit, in einer »bemerkenswerten Übereinstimmung zwischen dem Vatikan, konservativen protestantischen amerikanischen Frauenverbänden, Moralvereinen, Modeschöpfern, organisierten Nudisten und dem Kreml«, wie Kiefl und Marinescu es formulieren. Die Vatikanzeitung *Osservatore Romano* rühmt den »Fortschritt der Geschichte, der schließlich die Frau, indem er sie bekleidete, nicht erniedrigt, sondern sie, indem er sie auch äußerlich schmückt, erhöht hat«.[5] Die regierungsnahe sowjetische Zeitung *Iswestija* schreibt, »oben ohne« sei ein Weg der »Degradierung der Geldsackgesellschaft, zurück zur Barbarei«.[6] Und in den USA protestieren konservative Frauen, angeführt von Pfarrern, vor Monokini-Läden mit Schildern wie »Bleibt sauber« und »Bikinis sind schon schlimm genug«.[7] Immer wieder kommt es zu Festnahmen und Bestrafungen von Frauen, die entscheiden, sich obenrum frei zu machen. In Frankreich, wo »oben ohne« an vielen Orten schon zum Straßenbild gehört, gibt es 1964 in Saint-Tropez eine Großrazzia mit 23 Festnahmen wegen »Erregung öffentlichen Ärgernisses« durch »oben ohne«.[8] In der französischen Stadt Cabourg sagt der Bürgermeister, die Polizei solle darüber hinweggesehen, solange die Frauen einen ästhetischen Anblick (!) böten. In Spanien ist »oben ohne« für Frauen unter Diktator Franco verboten, auch wenn das Land damals schon seine von der EU vorgesehene Rolle als Tourismus-Dienstleister eingenommen hat. Das puritanische britische Königreich setzt ebenfalls strenge Maßnahmen durch und verbietet »oben ohne« sogar in seinen Kolonien wie Südrhodesien, dem heutigen Simbabwe, wo indigene Frauen traditionell ihre Brust frei tragen.

In der Bundesrepublik sind vor allem kirchliche Interessengruppen gegen »oben ohne« und gegen Nacktheit generell. Die Medien blurren Nippel von topless badenden Frauen und zeigen generell selten Nacktbilder – abgesehen von Abbildungen nackter Frauen sogenannter »Naturvölker«. Auch die Ordnungsbehörden gehen dem Oben-ohne-Treiben nach. »Fünfzehn bewaffnete Polizisten gegen ein unbewehrtes Mädchen; darin zeigt sich nicht nur die schmerzliche Unproduktivität des Polizeiberufs, sondern, schlimmer noch, die ganze Tragödie der auf halbem Weg steckengebliebenen Emanzipation«, schreibt eine Erna K. 1964 im *Spiegel*, wie Kiefl und Marinescu zitieren.[9] In Hamburg wird eine Schlagersängerin des Freibads verwiesen. Und in München verfassen der Polizeipräsident und die Stadtverwaltung ein Schreiben an die städtischen Badeanstalten, wonach »bei weiblichen Gästen ab sechs Jahren entsprechend mindestens ein ›sogenannter Bikini‹« zu tragen sei.

Während also Konservative, Medien und Ordnungsbehörden noch gegen die oberkörperliche Freiheit von Menschen mit weiblich gelesener Brust agieren, widersetzen sich immer mehr Frauen dieser Ablehnung und Ahndung und legen ihr Oberteil wie die Männer einfach ab. Wie sehr sich die Ansichten von Ordnungshütern und großen Teilen der Bevölkerung im Monokini-Jahr scheiden, zeigt eine Kolumne aus der Münchner *Abendzeitung* über einen Vorfall in Augsburg, bei dem zwei Polizisten eine junge Frau, die oben ohne ist, des Freibads verweisen wollen. »Glücklich am Ziel rief einer der Ordnungshüter lautstark: ›Wer nimmt hier Anstoß?‹ – Die Menge im Chor: ›Niemand.‹ – Der Polizist: ›Ja es muss jemand Anstoß nehmen, sonst können wir nicht einschreiten.‹ Da zwängt sich eine ältere Frau im einteiligen Badeanzug zu den Polizisten. Mit spitzer Stimme sagt sie: ›Es ist unverschämt, wie sich diese Person aufführt. Ich habe ein zweijähriges Kind dabei. Man muss doch Rücksicht nehmen.‹ Der Schutzmann: ›Sie nehmen also Anstoß?‹ – Die Frau: ›Ja.‹ – Die Menge meuterte: ›Buh, buh, buh, diese Frau ist noch lange nicht die Öffentlichkeit.‹«[10] Völlig zu Recht kritisieren hier die Anwesenden im Freibad also, dass es gar nicht unbedingt auszumachen ist, wer hier *die Öffentlichkeit* ist. In einem großen Teil der Bevölkerung aber wandeln sich in den 60ern die Moralvorstellungen und Schamgefühle beim Anblick einer nackten Frauenbrust. Die Auseinandersetzung darüber ist ein ständiger Kulturkampf.

Auch was Nacktheit generell angeht. Seit der Jahrhundertwende war Nacktbaden an vielen Stellen erlaubt, später gab es nur noch gleichgeschaltete Nazi-Nudistenvereine. Nach dem Zweiten Weltkrieg wird Nacktbaden dann wieder an einigen ausgewiesenen öffentlichen Stellen erlaubt. Und auch der ein oder andere Entscheider wie zum Beispiel der Münchner Oberbürgermeister Karl Scharnagl ist Mitglied in einem FKK-Verein. Doch die Nacktheit ist umkämpft, denn gleichzeitig finden auch noch in den 60ern immer wieder Polizeiaktionen dagegen statt und die Behörden versuchen, Nacktheit einzuschränken, indem sie FKK-Bereiche an entlegene Orte verbannen.[11]

Anders verhält es sich in der DDR. Hier ist »oben ohne« kein so großes Streitthema, da sich hier ohnehin zunehmend eine blühende FKK-Szene entwickelt. Mit vielen legalen Plätzen und noch mehr illegalen, die das Regime aber wegen der steigenden Nachfrage immer mehr duldet. Nackt badet dort »kilometerweit die werktätige Bevölkerung des sogenannten Arbeiter- und Bauernstaates«.[12] In Umfragen aus den 70ern[13] erklären Nacktbadende, sie mögen die »heilende Sonne« auf der Haut und wollen schön gebräunt und »ohne Kulturstreifen nachhause gehen, sondern zeigen, dass sie Sonne hatten«. Andere mögen die »bessere Gemeinschaft«: »Ein Betriebselektriker und ein international anerkannter Professor« gingen hier normal miteinander um. Es falle auch selten »ein hässliches Wort über etwas wohlproportionierte Damen« oder generell über alle, »die keine Filmfigur haben«. Manche finden es auch einfach praktisch, ins Wasser »rein und raus zu können, ohne sich umzuziehen«, sie müssten sonst bei den vielen Badegängen »20–30 Badehosen mitnehmen«, um sich nicht zu erkälten. Ein Bademeister an der Ostsee findet, die »Eigenmaßstäbe« in Sachen Ethik und Moral seien hier »so streng und so scharf« wie an keinem »›Bikinistrand‹, wie wir das nennen«. Andere finden, es sei »alles ein bisschen lockerer«, »der strenge Produktionsalltag ist weit weg« und es sei »auch ein bisschen Opposition«. Im DDR-

Fernsehen wird Nacktbaden immer wieder wegen seines »günstigen Einflusses auf den Kreislauf« empfohlen und an der Ostsee wird schließlich zwischen den Inseln Poel und Usedom ein Fünftel des Strandes für FKK freigegeben.

Auch *jenseits von Badeorten* tragen in einigen europäischen Städten Mitte der 60er sehr vereinzelt Frauen oben ohne, wie Kiefl und Marinescu zusammengetragen haben:[14] In Florenz wird eine geplante Modenschau mit oberteillosen Kleidern von der Polizei in letzter Sekunde verhindert. In Wien dürfen Mitarbeiterinnen eines Fotolabors oben ohne in der heißen Dunkelkammer arbeiten, ohne Zutritt von Kollegen. In München feiert eine »oberteilfreie Abendgesellschaft« im elitären George Club. An der Côte d'Azur geht Greta Garbo regelmäßig oben ohne spazieren. In Paris laufen Frauen topless über die Champs Elysées, bis die Polizei kommt. In Berlin lässt ein Polizist solche auf der Straße und in einer Bar hingegen mangels öffentlichen Ärgernisses gewähren. Und bei einer Umfrage von Emnid aus dem Jahr 1964 zu »oben ohne«, die über Badeorte hinausgeht, indem sie »busenfreie Mode bei Abendkleidern und Badeanzügen« abfragt, sind immerhin 21 Prozent teilweise bis uneingeschränkt für das Recht dazu. Doch 74 Prozent sind dagegen und vor allem jenseits des Badens wird »oben ohne« immer wieder bestraft, so zum Beispiel mit 200 DM für eine junge Münchnerin, die Mitte der 60er oben ohne über den Viktualienmarkt läuft. Die Politik sieht sich allerdings nicht zu Gesetzen veranlasst. Sie setzt eher auf öffentliche Sanktionen, und manche wie Bundesinnenminister Hermann Höcherl im Monokini-Jahr 1964 halten das Phänomen für ein »psychologisches Problem«, das sich von allein lösen werde. Er ahnt nicht, dass Monokini und »oben ohne« nur Vorläufer einer Bewegung sind, die noch viel *scham*loser werden wird und neben gleichen Brüsten noch viel mehr körperliche und politische Freiheiten fordern wird: die 68er.

Wie die *body politics* von 1968 wirken

Seit Ende der 50er und vor allem in den 60er Jahren ist die Bürgerrechtsbewegung in den USA, in der sich Schwarze Menschen gegen ihre Unterdrückung wehren, in ihrer Hochphase. Dort und zunehmend fast weltweit schließen sich Proteste gegen den US-geführten Vietnamkrieg an. Und es folgen Proteste gegen das kapitalistische Wirtschaftssystem generell, das sich immer stärker gewaltsam ausbreitet, sowie gegen die damit einhergehende Ausbeutung der armen Klassen in den eigenen Ländern und weltweit. Die Protestierenden, viele junge Menschen, wollen Frieden, internationale Solidarität mit der arbeitenden Klasse und viele von ihnen auch Sozialismus. In Frankreich gehen junge Menschen im Mai 1968 gegen Autoritarismus, Katholizismus und das Bildungssystem auf die Straße. In Westdeutschland bekämpft die Studentenbewegung fortbestehende Strukturen des Faschismus in der Polizei und den Gesetzen, kämpft gegen autoritäre Erziehung, Wiederbewaffnung und den Atomkrieg. Ähnliche Bewegungen gibt es in Großbritannien, den Niederlanden, Italien, Japan, Mexiko, dem Senegal und Südafrika, sowie anders gelagerte, aber verwandte Demokratiebestrebungen in Polen und der Tschechoslowakei.

Den meisten dieser Bewegungen ist gemeinsam: Eine befreite Sexualmoral und neue Geschlechterrollen sollen den Kapitalismus erschüttern und zu Fall bringen. Die Protestierenden gehen gegen eine religiös begründete Sexualmoral vor und gegen konservative Rollenmuster. Unter den Hippies tragen auch Männer lange Haare und auch Frauen Hosen. »Hier versuchte eine Generation zu zeigen, dass sie anders war als all diejenigen, die sich am größten Verbrechen der Menschheitsgeschichte beteiligt hatten (…). Sprüche wie ›Make love, not war‹ (…) sollten klarmachen, dass Sex das Gute war, das man nun befreite, um gegen das Böse vorzugehen«, schreibt Margarete Stokowski in ihrem Buch *Untenrum frei* von 2016.[15] Doch vieles gelang nicht gleich und manches nie. Denn ganz so viel weibliche Freiheit war den Herren der Schöpfung auch nicht lieb. Die Frauen damals »sollten lieber Flugblätter tippen, statt zu sprechen, oder waren nur ›die Freundin von‹«, und das Geschlechterverhältnis wurde nicht wirklich in Frage gestellt, wie Stokowski schreibt. Erst die anschließende Neue Frauenbewegung ab 1968 ging dem Patriarchat wirklich an den Kragen. Sie wollte neben gleichen Löhnen und genereller ökonomischer Unabhängigkeit vor allem körperliche Freiheiten: sexuelle Selbstbestimmung, Freiheit von sexualisierter und häuslicher Gewalt, vielfältige Beziehungen statt nur monogame und heterosexuelle. Symbolischer Ausdruck dieser *body politics* wird das Ablegen eines Kleidungsstücks: des BHs.

Der BH hatte sich seit dem Ersten Weltkrieg und der Fabrikarbeit von Frauen durchgesetzt. Er war eine Verbesserung gegenüber dem Korsett, das seit dem späten Mittelalter Frauen in Sanduhrfiguren gepresst hatte, ihre Verdauung gestört, ihnen die Luft abgedrückt, ihre Organe gequetscht und ihnen Fehlgeburten beschert hatte. Doch auch der BH steht für Enge, Zwang und Unterordnung unter den männlichen Blick. Rund 400 Feministinnen stören am 7. September 1968 einen sogenannten »Schönheits«-Wettbewerb zur *Miss America* in Atlantic City. Sie rufen »Frauen sind kein Fleisch«, küren stattdessen ein Schaf zur Schönheitskönigin und werfen »Instrumente weiblicher Folter« in einen Abfalleimer: Wischmops, Make-up, Lockenwickler, *Playboy*, *Cosmopolitan*, Stöckelschuhe – und Büstenhalter. Sie verbrennen sie nicht, wie später hinzugedichtet wird. Doch in den kommenden Monaten und Jahren legen viele Frauen den BH an vielen Orten symbolisch oder tatsächlich ab. Manche verbrennen ihn auch. Und manche lassen sich sogar oben ohne abbilden, wie etliche

Fotos der damals entstehenden Kommunen zeigen. Den vorangegangenen Oben-ohne-Krieg und den Monokini halten manche für einen Vorläufer von 1968. »1964 war eine Initialzündung, und Gernreich gehörte damit zu den Wegbereitern der sexuellen Revolution«, schreiben Walter Kiefl und Marina Marinescu in *»Oben ohne« oder das unsichtbare Kostüm*. In jedem Fall gibt es eine Wechselwirkung. Denn andersherum verbreitet sich »oben ohne« auch mit der 68er-Bewegung und der Neuen Frauenbewegung. Es dauert allerdings noch bis in die 80er, bis wirklich viele Frauen »oben ohne« machen, denn die Vorstellung, vor allem Frauen könnten zu viel Haut zeigen, sitzt tief – und für viele bleibt »oben ohne« weiter schambehaftet.

Dabei geht es bei »oben ohne« nicht immer in erster Linie um die Freiheit von Frauen, manchmal geht es auch schlicht um Profit. Wenn Boulevard-Medien, Werbung und später das Privatfernsehen nackte Frauenbrüste zeigen, stehen sicher Marketing und Verkaufsinteressen im Vordergrund. Der *Stern* druckt als erste Illustrierte 1968 eine weiße Frau oben ohne ab – die Illustrierte *Quick* hatte bereits 1951 halbbekleidete Schwarze Frauen abgebildet. Weil ab den 70ern immer häufiger halbnackte Frauen auf Titelseiten landen, beschweren sich zunächst konservativ-kirchliche Gruppen, schließlich klagen Ende der 70er prominente Feministinnen gegen den *Stern*, unter anderem Alice Schwarzer, Margarethe von Trotta und Margarete Mitscherlich. Das Gericht entscheidet gegen sie, da sie nicht betroffen seien. Und die eigentlich Betroffene Uschi Obermaier sagt, sie fühle sich *nicht* degradiert. Ups! Bei so viel Selbstbestimmung fragt sich die ein oder andere Frauenrechtlerin damals wie heute dann schon, ob sich da nicht ihre feministischen Ahninnen im Grab umdrehen. Und ja, es ist entscheidend, wer von der Nacktheit (aller Geschlechter) profitiert, ob vor allem *andere* oder die nackte Person. Aber sobald die nackte Person einen selbstbestimmten Eindruck vermittelt, ist es völlig dahingestellt, ob sie das für Geld macht, Bräune, Kaviar, Kunst oder Protest. Oben-ohne-Männer fragen wir auch nicht: Wollt ihr provozieren, Geld, Aufmerksamkeit?

Sehr selbstbestimmt jedenfalls ziehen sich ab 1968 auch wieder *jenseits des Badens*, also an völlig alltäglichen Orten, immer mehr Frauen obenrum aus. Sie verfolgen damit unterschiedliche Anliegen – ob nur Lust oder auch Nutzen ist nicht immer eindeutig. Eine 23-jährige Studentin arbeitet 1968 als eine der ersten Oben-ohne-DJs in Berlin und verdient – vermutlich auch wegen dieser Enthüllung – die damals sehr hohe Summe von 2000 DM pro Abend.[16] In dieser Zeit werden auch ausgelassen erscheinende Brustentblößungen bei den Umzügen zu Mardi Gras in New Orleans üblich. Und manche verwenden ihren Körper gezielt für Protest und Aufmerksamkeit: nicht nur für feministische Anliegen, aber auch. So nutzen damals immer wieder Politikerinnen ihre nackten Brüste für den Wahlkampf, wie die italienische Kommunistin Dora Pezzilli, die an Nudistenstränden die Sittenpolizei angreift, oder die ungarische Pornodarstellerin Ilona Staller, das kolumbianische Fotomodell Eva Serrana, die Brüsseler Pornodarstellerin Christine Delvoie sowie Frauen in Taiwan und Großbritannien. Und auch außerhalb der Parteipolitik machen Frauen mit nackten Brüsten auf politische Anliegen aufmerksam: In Hamburg protestieren Frauen 1968 in einem Gerichtssaal oben ohne gegen Klassenjustiz. In Frankfurt umringen 1969 drei Studentinnen beim »Busenattentat« ihren Professor Theodor Adorno mit entblößten Brüsten, weil er zuvor das besetzte Institut für Sozialforschung von der Polizei hat räumen lassen. In den kommenden Jahren werden Oben-ohne-Proteste dann immer häufiger: Es gibt oberkörperfreie Aktionen gegen Rechtsextremismus, Kernkraftwerke, Rüstung, Bundeswehr, Gentechnik, Tierversuche oder Pelzmäntel. Und in Nairobi protestiert in den 90ern die Mutter des olympischen Boxweltmeisters Robert Wangila oben ohne gegen seine Beisetzung auf einem islamischen Friedhof statt auf dem seiner Vorfahr*innen. Dieser Protest funktioniert, weil die nackte »weibliche« Brust damals noch Aufsehen erregt.

Auch das *Geschäfts*modell »nackter Busen« funktioniert in den darauffolgenden zwei Jahrzehnten: Barbusige Mitarbeiterinnen sollen australischen Kneipen und Friseursalons Gewinn bescheren, kanadischen Autowaschanlagen, norwegischen Tankstellen, dänischen Hotels und US-amerikanischen Wechselstuben. Wie viel die Frauen daran verdienen, ist mir nicht bekannt, im Falle der australischen Friseurinnen war es nackt jedenfalls das doppelte wie angezogen. Gerade aber wenn der Gewinn vor allem anderen als den nackten Frauen zufließt, kommen – wie bei jeder anderen Arbeit – Zweifel auf, ob die Frauen davor geschützt werden müssten. Bedenken äußern ab den 80ern immer mehr Feministinnen. In London wird 1984 sexistische Werbung in der U-Bahn verboten, die deutschen Grünen wenden sich gegen ein *Playboy*-Plakat und Frauenministerin Rita Süssmuth will 1989 »nackte« Werbung verbieten. Und tatsächlich ist »oben ohne« auch jenseits von öffentlicher Zurschaustellung in Werbung und am Arbeitsplatz, also im rein Privaten, nicht immer nur selbstbestimmt. Manche 68erinnen fühlen umgekehrt auch einen Milieu-Druck, sich obenrum ausziehen zu »müssen«.

Doch alles in allem trendet, begonnen mit dem Monokini 1964 und befeuert durch 1968 und die daraus erstarkte Frauenbewegung, der Wunsch, oben ohne zu sein – und zwar vor allem dort, wo es praktisch und warm genug ist: am Strand und im Bad. »Oben ohne« nimmt ab den 70ern stark zu, auch unorganisiertes Nacktbaden generell. In München, neben Berlin die Hochburg für »oben ohne« und bis in die Gegenwart mit einem FKK-Bereich mitten im innerstädtischen Englischen Garten, fällt 1979 das explizite Oben-ohne-Verbot für Freibäder! Es folgt zwar die schwammige Variante, bei der das Badepersonal entscheidet, was angemessen ist. Doch Beschwerden kommen in den 70ern kaum vor. Ein Münchner Bademeister erklärt: »Vielleicht vor zwanzig Jahren habe ich mal mitgekriegt, wie sich Leute darüber aufgeregt haben. (...) Ich denke nicht daran, da zu intervenieren.«[17] Selbst ein Werbefilm der städtischen Münchner Badebetriebe der Zeit zeigt Besucherinnen mit nackten Brüsten. Und auf Beschwerden zu »oben ohne« an einem öffentlichen Badeplatz in München sagt das Stadtreferat 1984: »Ein Bikinihöschen ist eine Badekleidung.«[18] An vielen liberalen Orten in Deutschland steht damit in den 80ern das Oben-ohne-Privileg schon wenige Jahrzehnte nach seiner rechtlichen Kodifizierung in den 30ern wieder in Frage.

Wie sich »oben ohne für alle« verbreitet

In vielen Regionen weltweit wird »oben ohne« in den 70ern und 80ern populär, so wie Nacktbaden generell: In Jugoslawien beispielsweise gibt es damals FKK-Strände, so wie auch in Spanien ab 1978, also mit dem Ende der Franco-Zeit. In Saint-Tropez erhalten, stellvertretend für alle Oben-ohne-Badende, Geraldine Dubuc und zehn weitere Frauen dafür ein Diplom (!) vom Fremdenverkehrsamt.[19] In Italien machen zwar Kirche und konservative Familienverbände Kampagnen gegen »oben ohne« und immer wieder kriegen Frauen Geldstrafen von umgerechnet 500 bis 800 DM, doch laut Umfrage der Wochenzeitung *Europeo* regen sich nur 29 Prozent über eine Nackte am Strand auf, aber 92 Prozent über einen korrupten Politiker, wie Kiefl und Marinescu zitieren.[20] Und der *Spiegel* beschreibt 1978, was in italienischen Gewässern und Motorbooten *state of the art* ist: »Für italienische Playboys ist es

Pflicht, mindestens eine hüllenlose Dame topless an Bord zu haben.«[21] Auch in Marokko ist »oben ohne« ab den 80ern in touristischen Zentren erlaubt, sowie in der Türkei, der Dominikanischen Republik, Kuba, Österreich. Und in Australien macht in den 80ern eine junge, antiautoritäre Jugendbewegung Nacktbaden zum Trend, mit Bondi Beach in Sydney als Zentrum.

In vielen Weltregionen ist das Thema damals auch stark umkämpft. Belgien erlaubt »oben ohne« nur »passiv«, also liegend, nicht im Stehen oder gar Gehen. Und in den USA reagiert im Falle von Frauen oben ohne weiterhin die Polizei, 1986 kommt es am Huntington Beach in Kalifornien wegen der unterschiedlichen Ansichten über drei oben ohne badende Frauen sogar zu einer Massenschlägerei mit 5.000 Beteiligten und 150 Polizist*innen.[22]

Doch alles in allem etabliert sich ab den 80ern oben ohne Baden und Sonnen an vielen der genannten Orte. Sogar konservatives Kreuzfahrtpublikum macht den Oberkörper frei. Langsam ist das ganze Thema selbst der Boulevardpresse kaum eine Notiz mehr wert. Und an vielen Badeorten wird die weiblich gelesene Brust nun fast so normal wie die männlich gelesene.

Umkämpfter und teilweise strafbar bleibt »oben ohne« in Straßen und Parks *jenseits von Stränden und Freibädern*, und trotzdem zeigen ab den 80ern immer wieder Frauen auch dort ihre nackte Brust. In einem Stadtpark in Rochester im US-Bundesstaat New York machen sieben Frauen, die sogenannten »Rochester Topfree Seven«, 1986 ein Oben-ohne-Picknick. Sie werden angezeigt, schließlich aber freigesprochen. Ähnliche Aktionen gibt es damals in den USA immer wieder, meist mit 50 bis 100 Dollar Strafe.[23] Auch in Deutschland gehen in den 80ern weiterhin immer mal wieder einzelne Frauen oben ohne raus in die Öffentlichkeit, wie die Männer eben auch. Und die Reaktionen sind nicht immer erwartbar empört. Als sich eine

Frau mit nackter Brust auf einem stillgelegten Friedhof in München sonnt und die Lokalpresse das aufgreift, äußert eine Rentnerin nur: »Wie schön, dass die jungen Leute sonnenbaden und die Kinder spielen. Hier liegen Tod und Leben eng beieinander.«[24] Alles in allem sei der Umgang der Deutschen mit Nacktheit unverkrampfter als in anderen Weltregionen, stellt die Historikerin und Expertin für Sexualmoral Dagmar Herzog fest. »Seit der Weimarer Zeit war Nacktheit für viele Deutsche eine Selbstverständlichkeit. Die Prüderie der 50er und 60er Jahre in der Bundesrepublik war der Versuch, über eine konservative Version der Rechristianisierung wieder ›geordnete Verhältnisse‹ zu schaffen. Die 68er haben das Pendel dann wieder in die andere Richtung bewegt.«[25] Die Nacktkultur in der DDR macht Herzog an der starken Säkularisierung fest. »In diesem Zusammenhang ist es interessant, dass in der DDR selbst aktive Christen an den Nacktstrand gingen.« Und auch in Westdeutschland wird Nacktkultur von dem einen oder anderen unerwarteten Milieu anerkannt: So versuchen protestantische Pastoren in den 80ern in Deutschland, und auch in Österreich, mehrfach mit Freiluft-Gottesdiensten an expliziten Nudisten-Stränden verlorene Schafe zurückzugewinnen. Neben der deutschen Sonderrolle nimmt die Geschlechterforscherin Marilyn Yalom – bei Betonung von Ausnahmen – alles in allem die regionale Aufteilung vor, »daß die katholischen mediterranen Länder dem frei zur Schau gestellten Busen und dem öffentlichen Vergnügen daran nachsichtiger gegenüberstanden als die protestantischen Kulturen Nordeuropas und Amerikas.«[26]

Unabhängig von diesen regionalen Unterschieden läuft die Oben-ohne-für-alle-Kultur Ende der 80er und Anfang der 90er auf ihren Höhepunkt zu.

Viele Prominente zeigen nun nackte Brust, darunter Claudia Schiffer, Jane Fonda oder Sophia Loren. Im ORF moderiert 1991 die Australierin Cheryl Street eine Fernsehsendung über die Kulturgeschichte der Bademode oben ohne vor der Kamera. Skifahrerinnen sitzen nun gelegentlich oben ohne auf Berghütten in der Sonne. Und 1994 eröffnet im österreichischen Dachstein die erste Langlauf-Loipe für Nudist*innen. Doch »oben ohne für alle« bleibt überall, selbst an den liberalen Orten, stets eine Aushandlungsfrage: Während viele weiblich gelesene Menschen in den 80ern und 90ern immer freizügiger ihre Brüste genauso zur Schau stellen wie Männer, werden ihre Gegner*innen wieder lauter.

Backlash zurück zum Oben-ohne-Privileg für Männer

Schon ab Ende der 80er und dann stark in den 90ern machen Konservative ihrem Unmut über »oben ohne« zunehmend laut Luft. Gerade als die nackte Frauenbrust immer banaler zu werden scheint, macht die veröffentlichte Meinung in Boulevard und anderen Medien eine Wende. »Oben ohne ist out«, heißt es 1986, »Je mehr Stoff, desto besser« 1990 und »Nackte Haut ist megaout« 1991.[27] Während des Booms hätten viele nur aus »konformistischer Toleranz« geschwiegen, schreiben Kiefl und Marinescu. Insgeheim fürchteten sie aber den Untergang der Moral und sähen, wie ein bayerischer CSU-Stadtrat sagt, den »textilfreien Stadtbummel« kommen.

In Reiseprospekten werden die Models nun wieder zunehmend mehr bekleidet oder durch Landschaftsaufnahmen ersetzt. An einigen italienischen und spanischen Stränden wird »oben ohne« wieder geahndet. Und selbst in Saint-Tropez gibt es 1990 wieder umgerechnet 500 DM Busengeld. In der EU und in den USA werden Anfang der 90er Forderungen laut, Nacktbilder überhaupt zu verbieten. Selbst der Karneval von Rio untersagt ab 1990 das

Zurschaustellen von nackten Brüsten, Hintern und Geschlechtsteilen.[28] Und ab der Auflösung der DDR und der Vereinigung mit der BRD ändert sich auch die Freiheit im Osten. »Aufgrund von Beschwerden westdeutscher Urlauber wurden in den 90er Jahren ostdeutsche FKK-Freunde an der Ostsee auf Reservate beschränkt«, schreiben Kiefl und Marinescu.[29] »Gleichzeitig wurden auch FKK-Campingplätze aufgekauft von westdeutschen Investoren und da wurde die FKK auch wieder zurückgedrängt«, so FKK-Expertin und Autorin Sabine Dreßler.[30]

Die neuen alten Sitten lägen aber, so Kiefl und Marinescu, nur in Teilen an *moralischen* Wertänderungen innerhalb der Gesellschaft, sondern auch an ganz anderen, vor allem *ökonomischen* Gründen. Wenn nackte Körper drohen, banal zu werden, lässt sich mit nackten Körpern kein Geld mehr verdienen. Und tatsächlich: Eine bloße Badehose lässt sich nicht so vielfältig von Saison zu Saison variieren wie eine Badehose *mit* Bikinioberteil, das von Saison zu Saison in Schnitt und Farben wechselt, oder ein Badeanzug, an dem viel mehr Stoff und Variabilität hängt, oder auch das modische Wechselspiel aus Bikini und Badeanzug. Gleiches gilt für BHs und die ganze Oberkörperbekleidung, die den Hauptteil des Repertoires der Frauenkleidung ausmacht. Da würde dem Markt einiges abhandenkommen, wenn die Oberbekleidung wie bei Männern an heißen Tagen ganz wegfiele. Und schließlich würden mit einem Queeren von Bademode und der Kleiderordnung generell die ganze Körperarbeit von Frauen, die ganze Schönheitsindustrie aus Kleidung, Kosmetik, Diäten sowie die Objekthaftigkeit und Verfügbarkeit von Frauen*körpern* in Frage stehen, der ganze »Fleischmarkt«, wie Autorin Laurie Penny es nennt. Natürlich waren diese Bedeutung und diese möglichen Folgen einer gleichen Kleiderordnung für alle damals wie heute nicht jeder Gegnerin und jedem Gegner bewusst, viele waren sicher unbewusst aus reaktionärer Überzeugung gegen »oben ohne« für Frauen. Doch vielen war vielleicht auch intuitiv klar: Mit einem Ende des Oben-ohne-Privilegs für Männer würden mehr Privilegien hopsgehen und das ganze zweigeteilte System weiter in Frage stehen.

Kiefl und Marinescu machen aber auf noch einen ökonomischen Aspekt aufmerksam. Das Interesse am Ende des Oben-ohne-Trends kann nämlich auch in der Distinktion einer Klasse bestehen, nicht nur eines Geschlechts. »Bemerkenswert ist, dass die öffentlich demonstrierte Akzeptanz gerade dann zu schwinden schien, als die Banalisierung eingesetzt hatte und ›oben ohne‹ bzw. Nacktbaden den Charakter des ›Massenhaften‹ angenommen hatten, d. h. den früher um Abgrenzung bemühten Möchtegern-Eliten nicht mehr dienlich war.« Kiefl und Marinescu zitieren dazu die Illustrierte *Quick* von 1991: »Der Gradmesser des schamlosen Alltags: In Ibiza, wo sich früher nur wenige Reiche bloßstellten, enthüllen sich heute Millionen Touristen.«[31] Artikel wie diese zeigen: Wollte eine Frau sich nun obenrum ausziehen, konnte sie nicht mehr sicher sein, ob sie von Medien oder Öffentlichkeit verächtlich gemacht wird. Auch die Behörden reagieren ab den 90ern vielerorts wieder widersprüchlich und damit unberechenbar in Sachen »oben ohne«. So erlaubt zwar zum Beispiel ein Gesetz im Bundesstaat New York ab 1992 Frauen »oben ohne« im öffentlichen Raum, dennoch werden damals immer wieder Frauen festgenommen. Das Gleiche passiert in Kanada. Schwammige Rechtslagen, gepaart mit der wieder erstarkenden veröffentlichten Ablehnung, haben Folgen: Nackte weiblich gelesene Brüste verschwinden langsam wieder aus der Öffentlichkeit: aus Parks, Friedhöfen, Modenschauen ohnehin, aber auch von Stränden und aus Freibädern.

Das alles geschieht zeitgleich mit einem generellen Backlash für den Feminismus. Schon seit den 80er Jahren und nun in den 90ern erstarken antifeministische Debatten und Kampagnen. Gerade als die Frauenrechtsbewegung dabei ist, immer mehr Freiheiten und Rechte zu erstreiten, bringen rechte Stimmen den Begriff der »politischen Korrektheit« und der »sexuellen Korrektheit« auf, um sie als dogmatisch zu verhöhnen. Viele Männer wollen ihre materiellen und sozialen Vorteile gegenüber Frauen erhalten und streiten patriarchale Machtverhältnisse ab. Sie behaupten eine feministische Diskurshoheit und stellen feministische Anliegen als prüde, hysterisch oder demokratiefeindlich dar. Damit machen sie feministische Ziele verächtlich und lächerlich.[32] Dies wird zwar kritisiert, doch in vielen Milieus ist diese Strategie erfolgreich und macht den Feminismus, imaginiert in der lila Latzhose, out. Gleichzeitig vollziehen große Teile der verbleibenden feministischen Bewegung eine neoliberale Wende. Sie wollen nicht mehr die gesellschaftlichen Verhältnisse an sich in Frage stellen, sondern sie wollen Karrieren wie Männer. Analysen wie »Das Private ist politisch« gelten zunehmend als retro, und gerade auch manche symbolischen Kämpfe geraten aus dem Blick – wie das zuvor bekämpfte Oben-ohne-Privileg der Männer. Bildlich gesprochen – und sicher nur für wenige tatsächlich zutreffend – ist statt der Latzhose nun der BH zurück, begleitet von High Heels für den Aufstieg in die Führungsetage (der den wenigsten gelingen wird). In den 2000er Jahren erstarken dann biologistische Argumentationsversuche wie von Simon Baron-Cohen, der vorgab zu beweisen, dass männliche Babys mehr auf technisch anmutende Mobiles guckten, weibliche hingegen mehr auf Gesichter, was Popularität gewann, obwohl es in zahlreichen Studien widerlegt wurde. In diesen Jahren finden auch Mythen wie »Männer sind vom Mars, Frauen von der Venus«, die unvereinbare geschlechtliche Unterschiede behaupten, in Form von Sachbüchern (2005) enormen Absatz. Mitte der 2000er entstehen außerdem Kampagnen in europäischen Ländern wie Frankreich, Spanien, Kroatien, Italien und Slowenien, die sich gegen Sexualaufklärung an Schulen und die gleichgeschlechtliche Ehe richten und deren Anliegen etwas später auch im europäischen Parlament Repräsentation finden werden.[33]

In derselben Zeit, ab den 2000ern, wird unser Alltag immer mehr von digitalen Plattformen geprägt, die von Beginn an in Männerhand sind und auf denen sich auch die antifeministische Bewegung tummelt und Einfluss hat. Diese Bewegung sieht Frauen als dem Manne dienlich an und nackte Brüste nur im erotischen Kontext als akzeptabel. Auf Pornoseiten sind sie deswegen gern gesehen, nicht aber in alltäglichen und frei gewählten Kontexten in sozialen Medien. Auf diesen sich als »sauber« inszenierenden Plattformen etabliert sich von Anfang an das Oben-ohne-Privileg für Männer. So bedroht die Digitalisierung, die uns eigentlich globale Vernetzung und vielfältige Perspektiven in nie gekanntem Ausmaß versprochen hat, durch die Monopolstellung weniger Unternehmen genau jene Vielfalt. Handlungsweisend für Menschen weltweit sind in den 2000er und 2010ern immer weniger Ansichten, Werte, Moden und Erzählungen aus je verschiedenen regionalen Kulturen, sondern immer mehr *eine* Perspektive aus *einem* globalen Zentrum. Viele junge Menschen wachsen also – gerade in den digitalen Räumen ihres Alltags – in einer absoluten Cancel Culture für weibliche Nippel auf. Sie kennen weiblich gelesene Nippel (im unerotischen Kontext) höchstens aus dem häuslichen Badezimmer. Mit hoher Wahrscheinlichkeit und nachvollziehbarerweise empfinden viele von ihnen beim Anblick nackter Frauenbrüste also Scham – wie die Mädchen bei mir im Freibad – oder einen »Regelbruch« wie mutmaßlich der Sicherheitsdienst bei Gabrielle Lebreton. Und manche, die die Oben-ohne-Phase der 70er und 80er Jahre eigentlich erlebt haben oder davon wissen müssten, haben vielleicht den Eindruck, es habe sich dabei um ein eher kurioses als bedeutendes Zeitgeistphänomen gehandelt. Dadurch, dass wir nur noch nackte Männernippel gewöhnt sind, hat sich bei nackten Frauennippeln also bei vielen ein Schamgefühl manifestiert.

Nur so ist auch zu erklären, warum Janet Jacksons nackte Brust für den »11. September des Kulturkampfes« gehalten wird – und wieso auch in den 2010er Jahren nackte Brüste wieder für Aufsehen sorgen: Aktivistinnen der Gruppe Femen in Kiew nutzen ihre nackten Oberkörper 2010, um gegen die Anwesenheit des belarusischen Präsidenten und Despoten Alexander Lukaschenko beim EM-Finale zu demonstrieren. In Hannover bedrängen sie 2013 barbrüstig Wladimir Putin. Und im Kölner Dom springt eine Femen-Aktivistin im gleichen Jahr oberkörperfrei und mit der Aufschrift »Ich bin Gott« auf den Altar und protestiert gegen Patriarchat und Sexismus. Schock. Femen schaffen es auf die Titelseiten. Sie nutzen ihre »nackten Oberkörper als Info-Panels«, schreibt die *NZZ*, als wäre das eine supersmarte neue Marketing-Strategie. Hatte kurz zuvor, in den 80ern und frühen 90ern, eine nackte Frauenbrust auf einem Plakat nicht mal mehr für Stau gesorgt, ist mit den 2000ern ihre Verhüllung definitiv Standard. Kein Wunder, dass Gabrielle Lebreton, die für ihre Brüste und sich selbst die gleichen Rechte haben wollte wie ein Mann, mit diesem Anliegen vor Gericht *verlor*. Zumindest in erster Instanz.

Kammergericht Berlin, 29. September 2023, 12.45 Uhr.

Gabrielle Lebreton, ihre Anwältin und die Juristin der Gesellschaft für Freiheitsrechte betreten wieder den Gerichtssaal. Sie haben sich rund 15 Minuten besprochen. Lassen sie sich auf eine Mediation ein? Oder will Gabrielle Lebreton jetzt ein Urteil des Gerichts? Die Richterin guckt sie fragend an.

Lebreton guckt fragend zurück. Sie wollte eigentlich nichts sagen in diesem Prozess. Aber nun muss sie. Sie guckt auf einen kleinen Zettel in ihrer Hand und setzt mit leiser, fester Stimme an: »Jetzt hab ich nach zwei Jahren kein Vertrauen mehr, dass die andere Seite ihre Meinung ändert. Deswegen möchte ich, dass das Gericht das übernimmt und entscheidet.« Gabrielle Lebreton will also ein Urteil – und keine Mediation mit einem Kompromiss. Aber kriegt sie eines? Und zwar eines, das sagt, unsere Brüste sind gleich?

Die Debatte im Gerichtssaal geht weiter. Und dann passiert etwas Unerwartetes. Die Richterin fordert den Vertreter des Landes Berlin auf, den Anspruch auf Entschädigung wegen Geschlechterdiskriminierung anzuerkennen! Es liege schließlich heute keine Ungleichbehandlung mehr vor, da die Regelung dort an der Plansche nun anders sei. »Es muss im Interesse des Landes Berlin sein, das auf diese Weise zu beenden. Ich glaube, wenn alle mal eine Nacht drüber schlafen, erkennt man die Weisheit dieses Vorschlags«, so die Richterin. Hm. Ich glaube, die Richterin selbst will keine schlaflosen Nächte, sondern sich um ein Urteil drücken. Die Anwältin von Gabrielle Lebreton lässt sich nichts anmerken, auch die Juristin der Gesellschaft für Freiheitsrechte nicht. Doch ich denke erneut, ein Urteil wäre für die Sache besser. Dem Vertreter Berlins passt der Vorschlag ganz offensichtlich auch überhaupt nicht, er ziert sich, »ein Anerkenntnis abzugeben«, schließlich sei er »Verteidiger«. Ah, Anwaltsehre oder so, denke ich, da gibt man nicht einfach auf. Doch die Richterin beharrt darauf. Der Anwalt der Gegenseite möge ein solches Eingeständnis mit seinen Vorgesetzten besprechen. Er hat keine Wahl, auch wenn es ihm sichtlich missfällt. Die Richterin beendet nun die Verhandlung.

Das Gericht spielt also den Ball zurück in die Politik. Falls das Land Berlin die Klageforderung anerkennt, endet das Verfahren ohne eine rechtliche Klarstellung von Seiten des Gerichts. Der Prozess ginge nur weiter, wenn das Land Berlin eine Anerkennung wegen Diskriminierung ablehnt. Ein Anerkenntnis aus der Politik und in der Folge ein bloßes so-

genanntes »Anerkenntnisurteil« wären aber weniger wert als ein eigenständiges Urteil des Gerichts, wird hier klar. »Ein Anerkenntnisurteil ist in dem Sinne gut, dass anerkannt wird, dass es eine Diskriminierung gibt, aber es wird nicht begründet, warum es eine Diskriminierung gab«, erklärt draußen auf den Stufen vor dem Gericht Soraia Da Costa Batista, die Juristin der Gesellschaft für Freiheitsrechte. Und auch Gabrielle Lebretons Anwältin Thum erklärt: »Ein Anerkenntnisurteil heißt, dass keine einzige Rechtsfrage entschieden wird. Es wird lediglich festgestellt, dass ein Anerkenntnis dahingehend abgegeben wurde, dass der Anspruch der Klägerin bestand. Sie bekommt zwar im Grunde recht, weil das Anerkenntnis natürlich auch bedeutet, dass eine Diskriminierung vorlag, es wird aber kein Präjudiz für zukünftige Fälle geben.« Gabrielle Lebreton wirkt erschöpft. Seit zwei Jahren kämpft sie nun schon. Jetzt geht es wieder weiter. Wieder Warten. »Meine Erfahrung an der Plansche war keine leichte Erfahrung«, sagt sie. »Ich habe das Gefühl, das wird oft lächerlich gemacht. Aber es geht mir darum, die Menschenrechte zu wahren. Ich war heute da, um von der Justiz anerkennen zu lassen, dass es einen Fall von Diskriminierung gegeben hat. Mein weiblicher Körper wurde nicht nur unangemessen, sondern auch unerwünscht sexualisiert. Es wurde versucht, meine Freiheit einzuschränken. Ich wünsche mir, dass diese systematische und unerwünschte Sexualisierung des weiblichen Körpers aufhört. Ich möchte, dass jeder das sieht und sich merkt. Frauen haben genauso wie Männer und überhaupt alle Menschen das Recht auf Selbstbestimmung.«

Wenige Wochen später kriegt Gabrielle eine Nachricht vom Gericht.

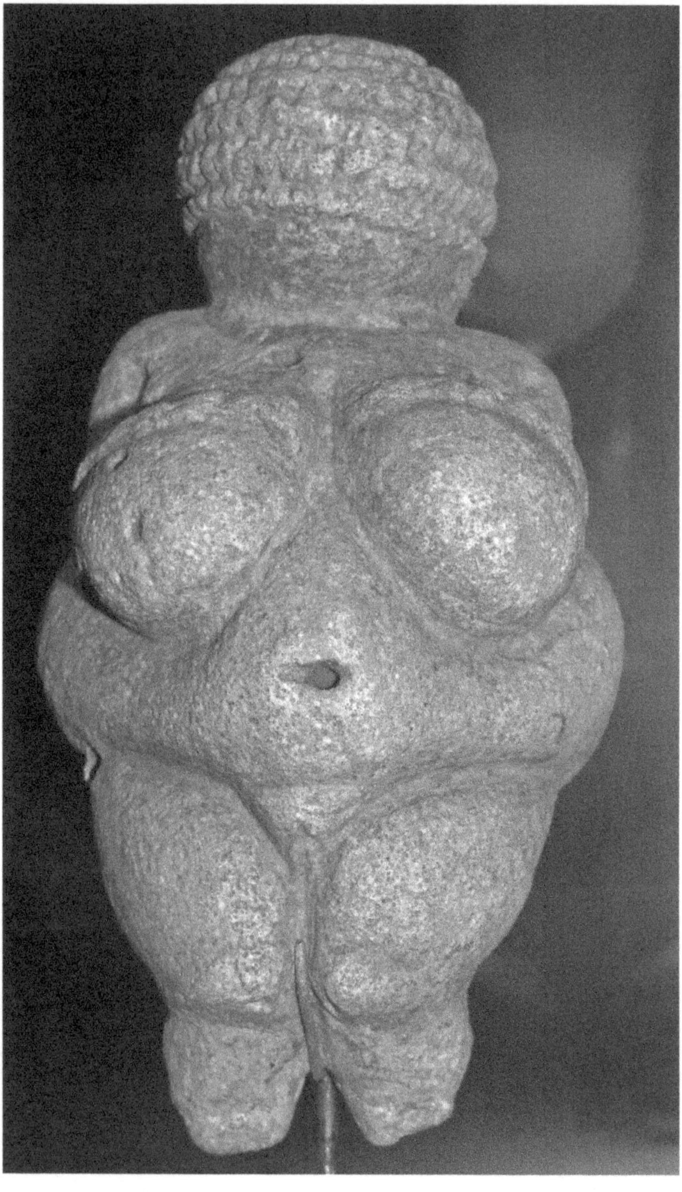

Welche Brüste sind präsentabel? Vor 30.000 Jahren diese Brüste. Sie sind von der Frau von Willendorf und die früheste bekannte Darstellung einer nackten Brust.

It's a decision.

HANNAH GADSBY

DOUGLAS, NETFLIX 2020

Male gaze & Money

Wie manche Brüste sexy wurden

Hannah Gadsby betritt die Bühne. Kurze Haare, Brille, Anzug. Die australische Stand-Up-Comedian gibt in ihrem *Netflix*-Special *Douglas* von 2019 eine *lecture* in Kunstgeschichte. Sie ist nämlich nicht nur Comedian, sondern auch Kunsthistorikerin und liefert in ihrer einstündigen Show eine zeitgenössische feministische Analyse ihrer Disziplin – vor allem eine Analyse des *male gaze* in der Kunst. Den männlichen Blick haben Feministinnen zwar schon seit den 70ern kritisiert, doch bis heute prägen die Misogynie des *male gaze* und nicht selten sein Rassismus den Kunstkanon – und unser Verhältnis zu unseren Körpern.

Eines der ersten Meisterwerke der Kunstgeschichte, die Gadsby uns zeigt, ist Raffaels Fresco *Die Schule von Athen* von 1511. Eine Marmorhalle voller Männer, die reden, denken, schreiben, gestikulieren. Sie sind, so Gadsby, »all die Männer, die allen Dingen auf der Welt Namen gaben«. Und falls das Publikum sich frage, was alle Frauen der Welt machten, während alle Männer allen Dingen Namen gaben – Gadsby klickt zu Raffaels *Die drei Grazien* von 1505 –, »sie standen herum, in Dreiergruppen, nackt, und warteten auf die Männer«. Nackte Grazien in Dreiergruppen waren von da an jahrhundertelang ein Ding in der Kunst. Charles-André van Loos malte *Drei Grazien.* Frans Wouters und Jan Brueghel der Jüngere malten *Drei Grazien mit Blumenkorb.* Peter Paul Rubens malte *Drei Grazien* tanzend, denn, wie Gadsby erklärt: »Nackt tanzen in Dreiergruppen im Wald ist das Hobby Nummer eins von Frauen in der Geschichte überhaupt.«

Doch wie kam es dazu?

Warum müssen wir nackt sein, um ins Museum zu kommen? Und steht diese Nacktheit nicht im Widerspruch dazu, dass weiblich gelesene Menschen auf Instagram und in der realen Welt heute obenrum *angezogen* sein müssen? Welche Rolle spielte die Kunst bei der Frage, wann nackte Brüste erlaubt sind, wann nicht, wann sexy, wann obszön? Und warum ist die »weibliche« Brust dort und in der Folge in unserem Alltag überhaupt so aufgeladen? Paula Lambert berichtet in *Brüste – Das Buch* von 2012, dass sie als Kind immer mit Jungs gespielt habe – bis sie Brüste bekam. Dann schlossen die Jungs sie aus, und sie musste sich Mädchengruppen anschließen. Wann wurde die weibliche Brust so eine Nummer? Oder vielleicht muss man zuerst fragen: Warum haben manche von uns überhaupt Brüste? Milchdrüsen haben auch unter flachen Brüsten Platz, warum haben die meisten Frauen eine *Wölbung* drumherum? Sind diese Wölbungen vielleicht einfach nur ein unnützes Überbleibsel wie Ohrläppchen oder Weisheitszähne, die uns irgendwann in der Menschheitsgeschichte abfallen? Und warum haben auch Männer Brust*warzen*?

Warum gibt es Busen?

Die Antwort ist unklar. Es gibt verschiedene Theorien, zeigt die Wissenschaftsjournalistin und *New York Times*-Autorin Florence Williams in ihrem Buch *Der Busen – Meisterwerk der Evolution* von 2013. Lange kam die Antwort auf die Frage, warum es Busen gibt, von Männern. Deren überraschende Erklärung war: Frauen haben Brüste, weil Männer Brüste geil finden. So zum Beispiel der Zoologe und Verhaltensforscher Desmond Morris in den 70ern. Denn der *male gaze* durchzieht natürlich nicht nur die Kunstgeschichte, sondern auch andere hohe Künste wie die Anthropologie. Morris meinte sogar, Brüste hätten sich deshalb entwickelt, weil die andere große Attraktion des weiblichen Körpers – die Pobacken (sein Faible) – bedauerlicherweise mit dem Aufrechtgehen unserer Vorfahren aus unserer Wahrnehmung eher verschwunden sei. Damit die armen Frauen nun trotzdem auf sich aufmerksam machen können, hätten sich Brüste entwickelt, in der Steinzeit quasi die Pobacken 2.0. »Die halbkugelig vorgewölbten Brüste sind sicherlich Kopien der fleischigen Hinterbacken, die scharf begrenzten roten Lippen des Mundes solche der roten Labien«, schreibt Morris in seinem Werk *Der nackte Affe* 1970.[1] Mit unserem Restkörper konnten wir Morris offenbar nicht auf uns aufmerksam machen, also zum Beispiel durch Winken mit den Händen, Blickkontakt mit den Augen oder – okay, radikale Idee – durch Sprechen mit dem Mund. Nein, in der Aufmerksamkeitsökonomie der frühen Menschheit eigneten sich zum Interessewecken nur Rundungen, und ohne Brüste wären wir Frauen demnach für immer unsichtbar geblieben. Kein Kontakt zu Männern, Ende der Menschheit. Morris' Theorie über die Vorlieben der Evolution zeigen vor allem die Vorlieben der Evolutions*forscher*. Übrigens stammt von Morris auch die andere berühmte Theorie, Frauen seien in der Steinzeit zuhause geblieben, während Männer jagen gingen, die heute widerlegt ist.[2] Und auch seine Pobacke-2.0-Theorie wirft Fragen auf: Zum Beispiel waren ja auch unsere *männlichen* Vorvorfahren einst Vierbeiner und hätten dann entweder auch Brüste bekommen müssen, um von uns als attraktive Partner wahrgenommen zu werden, oder aber weiter vierbeinern müssen? Oder auch die Frage: Warum sind Frauen mit A-Körbchen nicht längst ausgestorben? Offenbar hat Morris sie nicht wahrgenommen.

Die meisten männlichen Forscher meinten – und einige

meinen das auch noch bis heute –, die große und feste Brust sei die attraktivste, denn sie stehe für Gebärfreudigkeit. Offen bleibt hier, warum es dann trotz Evolution so unendlich viele Brüste in den verschiedensten Varianten gibt, warum Frauen mit kleinen Brüsten erfolgreich gebären, und warum Brüste sogar noch größer werden, wenn eine Frau schon schwanger *ist*. Diese Fragen an die männlich geprägte Forschung zur Evolution der Brust stellt unter anderem die Anthropologin Frances Mascia-Lees von der Rutgers Universität im Gespräch mit Florence Williams im schon erwähnten Buch *Der Busen – Meisterwerk der Evolution*.

In den letzten Jahrzehnten gelangten glücklicherweise auch Menschen wie Mascia-Lees in die anthropologischen und evolutionsbiologischen Institute, also Menschen, die selbst Brüste haben, und zwar vermutlich nicht nur feste und große, sondern auch Raketen, Waschlappen und Metzgereiauslagen. Und, wenig überraschend, sie lieferten andere Theorien. So setzte sich nach Mascia-Lees die Wölbung der Brust deshalb durch, weil nach dem Fellverlust des Menschen generell Fettdepots gut für karge Zeiten waren, vor allem für die Säugenden. Fett und Cholesterin wiederum produzieren Östrogen und in der weiblichen Brust befinden sich besonders viele östrogen-sensitive Zellen, die diese wachsen lassen.[3] Demnach ist die Brust quasi nur ein zufälliges Nebenprodukt – ähnlich wie Kamelhöcker, wie einzelne Forschende meinen, die ein Depot für Flüssigkeit und Fett bilden. Nach einer Theorie der britischen Anthropologin Gillian Bentley von der Universität Durham hat sich die Wölbung der Brust aus anderen Gründen durchgesetzt: Weil menschliche Babys keine hervorstehende Schnauze haben, sondern ein flaches Gesicht, ist die Brustwarze etwas leichter zu erreichen, wenn sie an einem entgegenragenden flexiblen Gewebe liegt. Natürlich können auch Menschen mit flachen Brüsten stillen, allerdings, so Bentley, drückten sich die flachen Babygesichter eher beim Saugen die Nase zu, wenn die Nippel immer direkt auf den Rippen aufsäßen. Diese Theorie liefert eine eher mechanische Erklärung. Damit halten beide Forscherinnen, so Williams, eher die Deponierung bzw. Weitergabe von lebensnotwendigen Nährstoffen für ausschlaggebend als den männlichen Blick, was unsere Fortpflanzung als Menschheit angeht.[4] Ursächlich ist also eher Ernährung als Erotik.

Trotzdem machen bis heute männliche Wissenschaftler Studien zur Attraktivität von Frauenbrüsten, mit viel Zulauf von Teilnehmern und Medien. Unter anderem mit Eye-Tracking wollen sie herausfinden, auf welche Körbchengröße »der Mann« stehe. Anders als viele der Forscher erwarten, erzählt Williams, kommen sie aber immer wieder zum Ergebnis, dass Sexyness im Auge des Betrachters liegt. So standen Männer in manchen Regionen der Welt im Mittel eher auf lange, hängende Brüste, in anderen auf runde, volle. Männer in einer neuseeländischen Studie standen auf unterschiedliche Kurven, obwohl sie *alle* aus Neuseeland waren.[5] Und in manchen Regionen der Welt fanden die befragten Männer die Frage an sich verstörend – *legit.* Ebenfalls überraschend war für viele Forscher aus Europa und den USA, dass Frauen anderen Studienergebnissen zufolge auch noch andere attraktive Körperteile als Brüste besaßen. So finden in Japan viele den weiblichen Nacken betörend, in Teilen Westafrikas und Südamerikas viele den Hintern und in China waren es lange Zeit die Füße.[6] Auch zeitlich gab es in *ein und derselben* Region Unterschiede: So mochten Männer in Wirtschaftskrisen größere Brüste, vermutlich in der Annahme, so Williams amüsiert, sie könnten sie mit wichtigen Nährstoffen versorgen. Wer kennt's nicht? Sobald der Dow Jones sinkt, schießt Milch in die Brust ein.

Die Frage, warum viele von uns Rundungen auf den

Rippen haben, ist also bisher ungeklärt, die Milchproduktion aber ist gelegentlich auch bei den weniger ausgebildeten männlichen Milchdrüsen beobachtet worden, so durch Alexander von Humboldt (»fett und sehr süß«) und Charles Darwin (»reichlich Versorgung« in »mehreren Fällen«), und kann heute, sehr beschränkt, auch durch Hormongabe induziert werden.[7] Doch im Fokus der Evolutionsforschung stand traditionell die Frauenbrust! Und auch andere Naturwissenschaften erklärten sie zum Untersuchungsobjekt, mit Folgen bis in die Gegenwart.

Wieso wir Busen-Wesen wurden

So teilt unsere heutige Kategorisierung der Lebewesen, die sogenannte Taxonomie, den Menschen und einige andere Tiere der Klasse der sogenannten *mammalia* zu. Auf deutsch heißt *mammalia* etwas treffender »Säugetiere«, aber aus dem Lateinischen übersetzt heißt es »die Brüste/ Zitzen betreffend«. Und zu dieser im 18. Jahrhundert entwickelten Kategorie zählen neben Menschen und Affen auch Kühe, Wale, Kamele und alle übrigen behaarten Wirbeltiere mit drei Gehörknöchelchen und einem Vier-Kammer-Herzen.[8] Wir alle sollen also Busen-Wesen sein. Wie kam es zu dieser Einteilung?

Das analysiert unter anderem die Wissenschaftshistorikerin Londa Schiebinger von der Universität Stanford in ihrem Buch *Am Busen der Natur* von 1995. Botanik und Zoologie, aus der die Klassifikation damals hervorgeht, sind, obwohl der Mensch den Primaten untergeordnet ist, noch immer sehr am Menschen ausgerichtet. Sie orientierten sich an der damals angenommenen Zweigeschlechtlichkeit der Menschen mitsamt ihren damaligen Rollen und der ebenfalls angenommenen Heterosexualität. So schrieb die europäische Zoologie bei ihrer ersten Begegnung mit

Menschenaffen in Afrika und Asien den Weibchen Scheu und den Männchen Lüsternheit zu. Dabei zeigen einige unserer nächsten Verwandten wie die Bonobo-Affen ein sehr flexibles Sexualverhalten und haben einfach Sex mit allen Geschlechtern, wie unter anderem die Leipziger Max-Planck-Gesellschaft für evolutionäre Anthropologie in Zusammenarbeit mit der Universität Harvard zeigt.[9] Doch nicht nur die Zoologie war von Anfang an menschenfixiert, auch die Botanik: Sie schrieb Pflanzen Penisse zu und Vulven. Der Naturforscher Carl von Linné aus Uppsala sah im 18. Jahrhundert in Staubblättern und Griffeln von Pflanzen »Ehemänner und Ehefrauen«, wie Schiebinger schreibt.[10] Einflussreich bis heute wurde aber eine andere Einteilung Linnés, nämlich ebenjene Kategorie der *mammalia.* Sie machte ihn zum Begründer der modernen Taxonomie. Linné stellte darin »die weiblichen Brüste höchst unziemlich in den Mittelpunkt des Interesses«, wie Londa Schiebinger schreibt. Das habe »weniger mit der Unverwechselbarkeit und Universalität der weiblichen Brüste zu tun, als vielmehr mit der Politik des 18. Jahrhunderts nicht bloß in puncto Ammen und stillende Mütter, sondern auch in Fragen der Bevölkerungspolitik und der umstrittenen Rolle der Frauen in der Wissenschaft«.[11]

Als Linné 1758 die Kategorie einführt, stimmen Ärzte und Politiker gerade ein Loblied auf die Muttermilch an und erklären den Frauen der Mittel- und Oberschicht, sie sollen auf Ammen verzichten. Ab 1794 verlangt ein preußisches Gesetz, dass gesunde Frauen selbst stillen müssen. Linné ist Arzt und Teil der Kampagne. Er engagiert sich gegen das Säugen durch Ammen und trägt damit zu einer Neuordnung bei, die der häuslichen Rolle der Frauen einen besonderen Stellenwert verschaffen soll, so Schiebinger. »Im weitesten Sinne also war das faszinierte Interesse der Wissenschaft an der weiblichen Brust nichts anderes als ein Beitrag zur Absicherung der geschlechtsspezifischen

Arbeitsteilung in der europäischen Gesellschaft: behauptete die Wissenschaft doch nachdrücklich, für das weibliche Geschlecht (bei Menschen wie Tieren) sei es einfach etwas Natürliches, die eigenen Kinder zu säugen und großzuziehen.«[12] Linné »inthronisierte« die Brust »als Emblem für die Klasse«, so Schiebinger. Dabei hätte es, biologisch betrachtet, auch Alternativen gegeben. Denn Säugetiere sind alle auch behaart, und nur sie haben Ohrenhöhle bzw. drei Ohrknöchelchen – und beides, Haare und Ohrknöchelchen, hätten wenigstens alle Geschlechter unter ihnen gehabt. Eine säugefähige Brust hingegen hat nur die Hälfte von ihnen und, mindestens im Falle von Menschen, hat sie das auch nur während der Stillzeit und manche selbst dann nicht.[13] Doch Linnés Plädoyer für die Brust als etwas Spezifisches für die Klasse hat Erfolg. Seine Brustfixierung setzt sich durch, denn sie trifft den Zeitgeist, so Londa Schiebinger. Die herausfordernde Maxime der Aufklärung, alle Menschen seien von Natur aus gleichwertig, veranlasste Konservative schon damals zur Suche nach *natürlichen Unterschieden* – nach Geschlechtern, Sexualitäten und »Rassen«: Der Gelehrte Wilhelm von Humboldt versucht in *Über die männliche und weibliche Form* 1795, die Menschen in klare Geschlechterkategorien einzuteilen, muss aber beim Verfassen feststellen, dass dieses Unterfangen »schlechterdings unmöglich« ist. Und das sexuelle Verhalten wird etwas später, ab den 1860er Jahren, in die Kategorien »heterosexuell« und »homosexuell« eingezwängt, die nur teilweise schützen und sichtbar machen, teilweise aber auch pathologisieren und gefährden. Rassentheorien schließlich legen den Grundstein für koloniale und andere Ausbeutung und Ermordung, legitimierten sie und treiben sie voran.

Mit Linnés Kategorie der Busen-Tiere, wie ich sie nenne, soll nun das Stillen des Kindes durch die leibliche Mutter normalisiert werden. Dieses Stillen galt bisher einerseits als etwas Unter-Menschliches, andererseits als etwas Über-Menschliches, beschreibt Schiebinger. Das Christentum verehrte die Muttermilch als Sinnbild allen Lebens, ebenso wie Goethe es tat: »Wo faß ich dich, unendliche Natur? Euch Brüste, wo? Ihr Quellen alles Lebens, An denen Himmel und Erde hängt, Dahin die welke Brust sich drängt ...?« Und die Natur selbst galt seit dem 17. Jahrhundert als genuin weiblich. Auch Hegel schreibt etwas später in *Philosophie des Rechts*, Frauen seien wie Pflanzen, sie würden sich ihrem Wesen nach »ruhig entfalten«.[14] Die weibliche Brust steht also für die europäischen Aufklärer symbolisch für diese Verbindung aus Natur und Gesellschaft, so Schiebinger. Gleichzeitig soll diese natürliche Brust aber auch *nicht zu natürlich* werden, also profan oder banal. Sonst geht ja die Erotik flöten, und die Unterordnung der Frau als Objekt gleich dazu. »Sowohl bei Griechen wie bei Christen war die ideale und nie zum Stillen benutzte Brust klein, fest und kugelrund; das Anschwellen der Brust durch den Milchfluß galt als Deformation«, so Schiebinger.[15] In der Folge stillten adlige und bürgerliche Frauen des Mittelalters und der frühen Neuzeit in der Regel nicht. In Städten wie Paris oder Lyon sind zu dieser Zeit 80 bis 90 Prozent der Kinder bei bäuerlichen Ammen. Das schafft der Mittel- und Oberschicht die Aufzucht vom Hals, sorgt aber für eine hohe Säuglingssterblichkeit. Und viele fürchten zu diesem Zeitpunkt, Europa gehe die Bevölkerung aus, vor allem die Arbeitskräfte, die für Militarisierung und wirtschaftliche Expansion nötig sind. Die Angst ist so groß, dass ein dänisches Gesetz seit 1707 Frauen sogar auffordert, so viele Kinder wie möglich zu kriegen, auch wenn sie unehelich sind.[16]

Linné publiziert in diesem Klima Texte gegen die Ammentätigkeit und für das Stillen des eigenen Kindes. Londa Schiebinger gibt ihn in ihren eigenen Worten so wieder: »Die Natur – selbst eine ›zärtliche und fürsorgliche Mutter‹ – habe den Anteil der Frauen an der Fortpflanzung ein für allemal festgelegt; eine Abweichung von ihren Gesetzen bringt sowohl Mutter wie Kind in Gefahr. (…) Außerdem warnt er, die meisten Ammen kämen aus den ärmsten Bevölkerungsschichten, äßen fettes Essen, tränken zu viel Alkohol, seien heimgesucht von Pocken und Geschlechtskrankheiten, und all das ergebe ungesunde, wenn nicht tödliche Milch.«[17] Tatsächlich sind viele Ammen damals so arm, dass sie oft mehr Säuglinge annehmen, als sie stillen können, und sogar ihre eigenen ganz weggeben.[18] Doch darum sorgt sich Linné weniger, er phantasiert, der niedrige soziale Status der Ammen könnte den Charakter der Kinder verderben, der römische Kaiser Nero sei deswegen alkoholsüchtig geworden. Nach dem Ideal von Linné und seinen Zeitgenossen sollen Brustbesitzerinnen nun ihrer natürlichen Rolle gerecht werden. Auch der einflussreiche Politiker der Französischen Revolution Pierre-Gaspard Chaumette meint über das Aufbegehren der Frauen, wie Schiebinger zitiert: »Seit wann ist es jemandem verstattet, das eigene Geschlecht aufzugeben? Seit wann ziemt es sich für die Frauen, die frommen Pflichten des Haushalts und die Wiege ihres Kindes im Stich zu lassen und sich in die Öffentlichkeit zu begeben und auf Versammlungen und im Senat Reden anzuhören? Hat die Natur die häuslichen Besorgungen etwa den Männern übertragen? Hat sie uns Brüste gegeben, um unsere Kinder zu gebären?«[19]

Das Verhältnis der Männer zum Stillen war aber widersprüchlich. Alle Frauen sollten jetzt bitte selber stillen, gleichzeitig konnten sich viele bürgerliche Männer nicht vorstellen, nun lästige Kleinkinder zuhause zu haben. An der Debatte über das Stillen war maßgeblich auch einer der Wegbereiter der französischen Revolution beteiligt: Jean-Jacques Rousseau. Auch der Genfer Schriftsteller und Naturforscher trat dafür ein, dass alle Frauen stillen und sich nicht dem heiteren Stadtleben hingeben: »Wenn nur die

Mütter geruhen ihre Kinder zu stillen, dann bessern sich die Sitten ganz von selbst, in allen Herzen erwachen die Naturgefühle, und der Staat bevölkert sich.«[20] Doch die Brüste seiner *eigenen* Frau Marie-Thérèse Levasseur wurden nicht an die Kleinen verschwendet. Levasseur gebiert fünf Kinder und die beiden geben sie alle zur Aufzucht weg. Denn das so natürliche Stillen und überhaupt die Brüste sollten, wie die Frau generell, mystisch und verborgen bleiben. Auch hier half – neben der Kunst, wie wir noch sehen werden – die Wissenschaft: Geprägt von Rassentheorien, die »in schwarzer Hautfarbe (der Farbe der Afrikaner) ein Merkmal von Unterklassevölkern« sahen, galten auch »bestimmte Geschlechtsteile der Europäer – der Hodensack beim Mann und Brustwarze und Vulva bei der Frau – (...) als dunkelste und unwürdigste Körperteile«, wie Londa Schiebinger erklärt.[21] Bis heute werden deshalb beim Stillen in der Öffentlichkeit unsere ganz natürlichen Brüste ganz natürlich versteckt. Während in den 80ern ohne großes Aufsehen öffentlich gestillt wurde, halten wir es heute für völlig okay, dass sich Frauen ein Tuch über einen so elementaren Vorgang wie den des Stillens legen, oder sich aufs Klo zurückziehen, während nebenan jemand kackt, oder sie mit dem Baby aus Angst vor Beschämung praktischerweise lieber mehrere Monate ganz zuhause bleiben.

Linnés Kategorie der *mammalia* jedenfalls hat bis heute Wirkung. Es wies nicht nur dem Menschen seinen Platz in der Natur zu (in einer Klasse mit Seekühen und Fledermäusen), sondern auch der Frau ihren Platz in der europäischen Gesellschaft.[22]

So trugen Naturwissenschaften wie Zoologie, Botanik und Medizin ebenso wie Philosophie und Bevölkerungspolitiken mit ihren Rechtsordnungen dazu bei, dass der Brust und ihrer Inhaberin allerhand aufgeladen wurde: Einerseits ist sie die stille stillende Dienerin der Familie, andererseits das aufsehenerregende erotische Signal für den instinktgesteuerten Partner, der ohne den visuellen Reiz der Brust völlig die Fortpflanzung vergäße!

Welchen Deutungen die Brust auf diesem Planeten unterliegt und unterlag, und vor allem wie die Brust ein Ding wurde und manche Brüste sexy Dinger, lässt sich vor allem an der Geschichte ihrer Abbildung ablesen.

Wie nackte Frauen auf Leinwände gebannt wurden

Die früheste bekannte Darstellung einer nackten Brust – und eines der ältesten bekannten Kunstwerke der Menschheit überhaupt – ist rund 30.000 Jahre alt: die *Frau von Willendorf*. Ein Arbeiter fand sie 1908 bei Bauarbeiten an der Donau in der niederösterreichischen Wachau im sandigen, aschigen Boden und sie wird heute aufbewahrt und intensiv erforscht im Naturhistorischen Museum in Wien: eine 11 cm hohe Figur aus Kalkstein, nackt, große hängende Brüste, runder Bauch, breite Hüfte, riesige Vulvalippen – und damit zu explizit für Facebook, das Bilder der *Frau von Willendorf* 2018 verbannte. Auch die Forschung, die sich dem Frauenakt widmete, meinte sofort: Ganz klar, ein Sexsymbol! Bei den Rundungen geht es um eine Fruchtbarkeitsgöttin oder ein frühes Pin-up-Girl! Sie gaben ihr auch gleich den Namen *Venus von Willendorf*, nach der römischen mythischen Figur Venus, die für Liebe und erotisches Verlangen steht. War das richtig?

Jüngste Forschungen aus den letzten Jahren interpretieren die Figur anders.[23] In der damaligen nomadischen Kultur, in der die Figur entstand, war es gar nicht praktisch, viele Kinder zu kriegen. »Wir wissen heute, dass die Fruchtbarkeit der Frau nur bis zu einem gewissen Grad wünschenswert gewesen ist«, sagt Walpurga Antl-Weiser, die Leiterin der Prähistorischen Abteilung des Museums, in dem die Figur aufbewahrt ist. Ziel war damals »eher wenige Kinder, aber die dann durchzubringen«, ergänzt Brigitte Röder, Prähistorikerin der Uni Basel. Auch die Sexsymbol-Theorie könne man völlig »ad acta legen«, so Prähistorikerin Sibylle Wolf von der Uni Tübingen. »Die Darstellung ist etwas sehr in sich Gekehrtes, etwas Ruhendes, und hat mit Sex wirklich wenig zu tun.« Wofür steht die schöne üppige *Frau von Willendorf* mit ihren großen Brüsten und Vulvalippen dann? Eher für eine weise alte Frau, so die heutige Forschung. Großmutter statt Sexsymbol. Denn ältere Frauen dürften hohes gesellschaftliches Ansehen genossen haben, worauf auch 130 weitere »Schwestern« der Figur von Russland bis Frankreich hinweisen. Alte Frauen gaben Werte weiter und Wissen, über Heilkräuter, Geburt, Nahrung. »Sie haben somit eine entscheidende Rolle in der Geschichte der Menschheit gespielt – nicht nur auf biologischer, sondern auch auf kultureller Ebene«, so die Pariser Wissenschaftshistorikerin Claudine Cohen.[24] Die früheste bekannte nackte Brust und ihre Trägerin standen also eher für Weisheit als für Wollust. Doch mit dem Einfluss der großen Weltreligionen und patriarchaler Gesellschaften änderte sich die Darstellung von Frauen.

Die »Kulturgeschichte weiblicher Nacktheit« sei »nicht von patriarchalen Gesellschaftsstrukturen zu trennen«, erklärt Kulturwissenschaftlerin Kerstin Gernig in *Nacktheit – Ästhetische Inszenierungen im Kulturvergleich* von 2002.[25] Und in diesen patriarchalen Gesellschaften wurden lange vor allem Männer nackt abgebildet. Die antike griechische Plastik verkörperte »den gestählten, kampffähigen Körper des Kriegers« und zeigte »Götter in der Gestalt von Athleten«. Der Mann war in der Regel dargestellt »bei der Arbeit, im Kampf, gestikulierend oder in irgendeiner Weise seine Muskeln zur Schau stellend. (...) Erst nachdem der männliche Körper in voller Nacktheit bereits abgebildet worden war, entstanden auch nackte Frauengestalten.«[26] Allerdings weniger weise, üppige Großmütter als junge, dralle Grazien. Und die nackten Frauengestalten brachte vor allem die christliche Tradition von Anfang an mit »sexueller Verführung« und »daran anschließend mit Sünde, Schuld und Scham« in Verbindung. Dabei lenkt die Story von Adam und Eva – »sie wurden gewahr, dass sie nackt waren« und »machten sich Schurze« – eh schon in absurdem Maße »die Aufmerksamkeit gerade auf das (...), wovon sie abgelenkt werden soll«, wie Gernig beschreibt.[27] Und noch dazu folgte eine diametrale Gegenüberstellung der Geschlechter in der christlich geprägten Abbildung, wie auch Kunsthistorikerin Gill Saunders zeigt: »Während Sanftheit, Kurven und Zartheit beim weiblichen Körper zelebriert wurden, waren Stärke und Muskelkraft die Requisiten des Mannes (...), maskulin versus feminin, aktiv versus passiv, sexueller Antrieb versus sexuelle Empfänglichkeit.«[28]

Die Art und Weise, wie der weibliche Körper in Skulpturen und auf Leinwänden verhüllt und enthüllt wird, war meist ein Versuch, »den unregierbaren Körper zu kontrollieren und in die Grenzen ästhetischer Diskurse zu verweisen«, erklärt Lynda Nead. Die Londoner Kunsthistorikerin widmet sich in ihrem Buch *The Female Nude* weiblichen Aktbildern in der Menschheitsgeschichte, wobei Maler und Kunstkritiker meist »weiblich« vor »Aktbild« wegließen, weil klar war: Das nackte Objekt ist eine Frau.[29] Nicht selten sollten störende weibliche Figuren durch ihre Verbannung auf die Leinwand verstummen, so Nead. Auf der Leinwand können Maler und Auftraggeber die Frauen nach eigenen Vorlieben, Werten und Glaubenssätzen einhegen. Nicht nur mit dem Rahmen, auch mit Posen, Attributen und Körperformen *framen* sie uns. »Eines der Hauptziele von weiblichen Aktbildern war die Beherrschung und Steuerung des weiblichen sexuellen Körpers«, so Nead.[30]

So meinte Aristoteles im 4. Jahrhundert vor unserer Zeitrechnung, Schönheit käme vor allem durch »Ordnung,

Symmetrie und Bestimmtheit«, ganz generell, auch Männer und Bauwerke betreffend. Er prägte damit die westliche Kultur und die Körperbilder in unseren Köpfen. »Die Psychoanalyse kennt viele Verbindungen zwischen psychischen Strukturen und der Wahrnehmung und Repräsentation des Körpers«, schreibt Nead. Dabei ist das Aristoteles-Bild im Vergleich zur Wirklichkeit total schief – bei allen, und bei Frauen eben auch besonders bei den Brüsten, sie sind nämlich meist ebendas – schief. Ein Viertel von uns hat links und rechts erheblich unterschiedliche Brüste, hinzu kommen Veränderungen durch Brust-OPs nach Krebserkrankungen. Weil die echten Körper sich dem imaginierten Ideal widersetzen, so Nead, muss das Ideal aber umso mehr stetig verfestigt werden, um nicht an Glaubwürdigkeit einzubüßen.

Vor allem durch den Einfluss des Christentums bekamen nackte Frauenkörper ab etwa dem 12. Jahrhundert dann vornehmlich nur zwei Rollen: heilige und unbefleckte Gottesmutter oder sündige und verführerische Eva – also Heilige oder Hure, natürliche Reinheit oder selbstverschuldete Sündhaftigkeit. Wobei sowohl Heilige wie Hure dabei meist durchaus »appetitlich« oder »lüstern« gemalt sind, wie Paula Lambert und Helmut Ziegler in *Brüste – Das Buch* von 2012 beobachten. Diese sind mal groß, mal klein, je nach Geschmack des Künstlers und der Epoche. Dass eine Maria die Brüste für den Betrachter freimacht, ist natürlich widersprüchlich, als Vorwand dient häufig ein Baby im Arm. So bei der *Jungfrau Maria* Jean Fouquets von circa 1456.[31] Das Kind sitzt unbeteiligt auf dem Arm der »Maria«, bei der es sich eigentlich um Agnès Sorel handelt. Die Mätresse von Auftraggeber König Karl VII. trägt gern Dekolletés, durch die man – so ein empörter Bischof zum König – »die Brüste, Brustwarzen und das Fleisch der Frauen sieht«[32], und versuchte damals sogar, allerdings erfolglos, eine Art Corsage durchzusetzen, die eine Brust freilegte, eine verbarg. Für die Historikerin Anne Hollander ist das Gemälde der Moment, wo die nackte Brust in der Kunst zum erotischen Signal wird und angesichts des offensichtlich völlig unbeteiligten Kindes nur noch dem männlichen Begehren dient. Und auch Marilyn Yalom schreibt in *Eine Geschichte der Brust*: »In Kunst und Literatur gehörte die Brust nun nicht mehr dem Säugling oder der Kirche, sondern zunehmend Männern mit weltlicher Macht, die in ihr ausschließlich einen Stimulus des sexuellen Verlangens sahen.«[33] Die Brust der »Jungfrau Maria« aka Agnès Sorel ist bei Fouquet gezirkelt rund, eher geometrisch perfekt als naturalistisch, und erinnert mit ihrer aalglatten Haut eher an einen Cyborg als an einen Menschen aus Fleisch und Blut – übrigens finden sich auch weder bei Fouquet noch bei anderen Malern je Nippel-Haare. Dabei konnte Fouquet durchaus realistisch malen – den Auftraggeber König Karl malte er mit Knubbelnase und Glubschaugen.[34] Aber Realismus ist für die Abbildung von nackten Frauen ohnehin ungeeignet.

Denn da müssen Kleider schon mal so verrutschen, dass sie zufällig das Wesentliche freilegen. Jenseits aller Schwerkraft, wie Hannah Gadsby in ihrer kunstgeschichtlichen Lektion auf Netflix zeigt. Rubens' *Drei Grazien* von 1635 sind nämlich nicht alle drei nackt. Vielleicht wäre das schon damals plump gewesen, jedenfalls hat Rubens einer von ihnen ein Stück Stoff über den Po gelegt. Allerdings nur über *eine* Pobacke. Und auch nur über die *halbe* Pobacke. Und das Ganze *im Stehen*. Wie kommt der Stoff da hin?, fragt Gadsby. Eine stehende nackte Frau mit einem Fetzen Stoff am Po. Rubens' Idee: Der Stoff hat sich zufällig in der Pofalte eingeklemmt. »It's worth pointing out«, erklärt Gadsby, »that this is not a photograph, this is not an accidental photograph. What this is is a painting, which makes this« – sie deutet auf den Stoff am Po – »a decision, a decision that a man made and spent time on.«

Damit Frauen in der Kunst nackt sind, aber nicht zu nackt, lassen sich die Künstler noch mehr einfallen. Zum Beispiel: durchsichtige Kleider. Das Stück Stoff auf dem Po bei Rubens' Grazie oder auch das Schleierhemdchen der Venus in Niklaus Manuel Deutschs *Das Urteil des Paris* von 1528 sind so durchsichtig, dass wir annehmen müssen, es gab schon damals Plastikfolien. Die Frauenkörper sind trotz »Stoff« einfach nackt – und, erneut, zu nackt für Facebook vierhundert Jahre später, das die *Grazien* 2018 vorübergehend wegen nackter Brüste und Pos sperrt. Doch von den raffinierten Enthüllungstechniken der Künstler zurück ins späte Mittelalter. Dass Brüste mystisch aufgeladen sind, wird von nun an etwas weniger. Es wird menschlich-sinnlicher und sachlicher, wie bei Albrecht Dürer. Der deutsche Maler zeichnete Ende des 15. Jahrhunderts als Erster nackte Frauen realistisch, jung, alt, mit Hubbeln und Knubbeln. Werden wir dadurch entmystifiziert? Als Mensch, als Wesen, als Subjekt anerkannt? Nein. Wir bleiben passiv.

Die Frau »erscheint«

Besonders deutlich ist das auf Dürers berühmter Darstellung *Der Zeichner des liegenden Weibes* von 1538. Der Zeichner selbst sitzt auf diesem Bild aufrecht, beobachtet das liegende Weib und ist – *surprise* – angezogen. Die Frau liegt nackt, geschmeidig und abwesend auf einem Tisch. Mittelbequem, aber klar, auch das kennen wir, wer chillt nicht nackt auf der Tischplatte! »Der Zeichner ist aktiv, indem er das weibliche, passiv daliegende Objekt dank seiner kreativen Intelligenz und motorischen Fertigkeiten in den Blick nimmt, vermißt und zeichnet«, beschreibt Kerstin Gernig. »Während Männer handeln, ›erscheinen‹ Frauen.« Das ist unsere Leistung: Wir *erscheinen*. Was für eine Fähigkeit! Kein Wunder, dass es mit der Gender Pay Balance hakt, das

Geschlecht mit dem Busen macht ja auch nichts außer *erscheinen* und *stillen.*

Immerhin dürfen wir das seit Dürer nun auch schon mal mit schlaffem Gewebe und schiefen Formen. Auch andere Maler widmen sich nun der Vielfalt der Nackten, malen auch alte und mittelalte Frauen. Doch sie machen stets klar, was das Ideal ist, wie im *Jungbrunnen* von Lucas Cranach dem Älteren von 1546. Von links steigen nackte faltige Greisinnen mit Hängebrüsten in ein Heilbadbecken. Ein angezogener Mann mit Monokel begutachtet ihre Körper aus der Nähe. Nachdem die alten Frauen dann durch das Heilbadbecken gewatet sind, steigen sie verjüngt und jugendlich wieder raus, mit prallen und anatomisch fragwürdig hoch angesetzten Brüsten. Draußen präsentieren sie sich weiteren angezogenen (und bewaffneten) Männern. »Es heißt zwar, in der Renaissance sei der menschliche Körper wiederentdeckt worden, aber es war nur der junge Körper, in der Blüte seiner Jahre. (…) Die alten Frauen-Körper passen nicht ins Schönheits-Ideal der Renaissance«, schreiben Rose-Marie und Rainer Hagen in *Bildbefragungen.*[35]

»Nicht ganz der damaligen Realität entspricht auch, dass Cranach nur Frauen baden lässt, normalerweise saßen sowohl Männer als auch Frauen in den Becken, gelegentlich getrennt durch eine Bretterwand.«[36] Auch in Bildbänden über Gemälde des späten Mittelalters sind vor allem Frauen nackt vorzufinden, Männer angezogen, mit wenigen Ausnahmen wie Michelangelo und Leonardo da Vinci, die den männlichen Körper feierten.[37] Diese Bildbände gewähren quasi *Frauen* das Oben-ohne-Privileg, also genau andersherum als Instagram und Co., die echte wie gemalte Frauennippel sperren. Dennoch sind die Frauen in diesen Bildbänden eingehegt. Und dass wir dort vor allem nackte Frauen sehen, verzerrt die Realität etwas, denn eigentlich waren offiziell lange nur männliche Aktmodelle erlaubt, weibliche in England erst ab dem 17. Jahrhundert und in Frankreich ab dem 19. Jahrhundert. Erst ab Mitte des 19. Jahrhunderts wird der weibliche Akt die dominante Form. Doch zum einen leisteten sich wohlhabende Privatleute und Königshäuser schon immer kostspielige Ausnahmen. Zum anderen fand auch später ein Auswahlprozess durch männliche Kuratoren in Museen und die Macher der Bildbände statt – und das Faible der Kunstkritik war selten eine sexy Männerbrust.

Gefallen fanden die männlichen Auftraggeber meist an nackten Frauenbrüsten. Aufsehen erregte um 1600 vor allem ein Bild: das Bild der nackten Nippel der zwei badenden Schwestern Julienne d'Estrées, Herzogin von Villars, und Gabrielle d'Estrées, Herzogin von Beaufort. Gabrielle d'Estrées nahm als Mätresse des französischen Königs Heinrich IV. Einfluss auf diesen und auf die französische Politik. Doch diese aktive Rolle störte – und das zeigt auch das Bild von ihr und ihrer Schwester. Auf dem Gemälde der Künstlergruppe Schule von Fontainebleau sehen wir die beiden Schwestern oben ohne in einer elegant ausgestatteten Badewanne. Ihre Nippel sind rot, denn sie wurden wie Lippen damals mit roter Farbe getönt, in Kontrast zur dicken weißen Schminke im Gesicht und auf Schultern und Busen.[38] Das Pikante: Julienne greift ihrer Schwester Gabrielle an den Nippel, vermutlich eine damals obszön abgewandelte Variante zum Auf-den-Bauch-Fassen, was Schwangerschaft symbolisierte. Gabrielle gebiert mehrere uneheliche Kinder von Heinrich, beide sind in (inzwischen annullierten) Ehen mit anderen gewesen. Als sie heiraten wollen, ist der Hof in Aufruhr. Gabrielle wird der Sündenbock für das Elend im Lande, 50 Jahre Bürgerkrieg, Belagerungen und Epidemien. Kurz vor der Geburt eines weiteren Kindes und der geplanten Hochzeit erkrankt Gabrielle schwer. Heinrich ist gerade woanders und sie droht ihren Todeskrämpfen zu erliegen – doch alle Ärzte oder Priester weigern sich, ihr zu helfen. Als sie zu Heinrichs Entsetzen tatsächlich auf ungeklärte Weise stirbt, halten viele überirdische Kräfte für verantwortlich, die ihrer Sünde ein Ende setzen wollten. Das zeichnet sich auch in dem Gemälde ab: Gabrielle ist von lauter düsteren Symbolen umgeben, einem Sarg in ihrer Lieblingsfarbe, einem nicht spiegelnden Spiegel, häufig ein Symbol des Todes oder Requisit des Teufels und von Hexen. Nach ihrem Tod veranlasst Heinrich IV. etwas für die damalige Zeit Ungewöhnliches. »Weil er wußte, welche Rolle abergläubische Ängste bei Gabrielles Tod gespielt hatten – niemand hatte sich in die Nähe der ›Besessenen‹ gewagt –, befahl der König im April 1599, alle Hexenverfolgungen sofort einzustellen.«[39] Das hielt leider kurz darauf, 1609, einen Richter in Bordeaux nicht davon ab, 80 Frauen auf einmal als »Hexen« zu verbrennen. »Alle Hexerei kommt aus fleischlicher Lust, die in Frauen unersättlich ist«, steht damals im Handbuch für Hexenverfolger von 1489, dem »Hexenhammer«.[40] Das Gemälde der Schule von Fontainebleau zeigt, dass unser Verlangen nach Selbstbestimmtheit damals wie heute auch über die Verhüllung und Enthüllung unserer Brüste verhandelt wird.

Gerade Aktbilder zeigen, wo die Gesellschaft unsere Brüste und ihre Trägerinnen gern sähe. Beliebt ist das Motiv »Brüste geben einen Milchstrahl ins Gesicht eines Mannes« wie in *Laktation des heiligen Bernard* von Master I.A.M. van Zwolle aus dem Jahr 1485 oder in *Bernard und die Jungfrau* von Alonso Cano aus dem Jahr 1652. Hobby von Frauen ist es auch, so Comedian Hannah Gadsby, »an Felsen gekettet zu sein«, wie bei Giorgio Vasari 1575, Carracci und Domenichino 1597, Rembrandt 1630 oder Rodin 1887. Und immer gern gesehen ist laut Gadsby auch das Motiv »Nackte Frauen frohlocken in einem Raum voller angezogener Männer«, wie in Courbets *Atelier des Künstlers* von 1895.

Mit der Wende zum 20. Jahrhundert mit seinem technologischen, wirtschaftlichen und kulturellen Wandel und seiner Aufbruchsstimmung soll der Körper befreit werden. Wie beim Nacktbaden und Lichtbaden sollen auch die Körper auf der Leinwand noch freier werden, und der Blick des Malers wird nun auch dezidiert subjektiv, wie bei Kirchner, Pechstein, Munch oder Klimt. Macht das die Sache besser? Nein. Denn es bleiben vor allem die Frauen nackt. Oft sind sie Jahrzehnte jünger als ihre Maler. Weiterhin sind sie gern passiv. Oder aber sie sind willig, exotisch, abergläubisch. Wie in den Akten von Paul Gauguin, deren Schilderung Sie sich, liebe Lesende, sparen können, wenn Sie den nächsten Abschnitt überspringen. Denn Gauguins Bilder und Texte enthalten konkrete Szenen sexualisierter und rassistischer Gewalt.

Der Gewalt-Akt

Der Franzose Paul Gauguin folgte zur Jahrhundertwende den Worten Jean-Jacques Rousseaus, der in der Südsee »edle Wilde« vermutete. 1891 lässt Gauguin seine Frau Mette und seine fünf Kinder in Europa sitzen, um in der französischen Kolonie Tahiti seine sexuellen und gewaltvollen Phantasien auszuleben. Er lebt dort mit 13- und 14-jährigen Mädchen zusammen, die Kinder von ihm gebären. Eine von ihnen ist Teha'amana. Wir sehen die 13-Jährige auf Gauguins Bild *Manau tupapau – Der Geist der Toten hält Wache* von 1892. Sie ist nackt und liegt auf einem weißen Laken. Sie war Gauguin an einem Nachmittag von ihrer Familie zur »Frau« übergeben worden. Später am Abend lag sie ängstlich nackt auf seinem Bett, wie er selbst 1897 in seinem »Reisebericht« *Noa Noa* schreibt, der den Verkauf seiner Bilder in Paris befördern soll: »Alle haben den geheimen Wunsch nach Vergewaltigung: weil durch diesen Akt männlicher Autorität der Weibwille seine volle Unverantwortlichkeit behält – denn so hat er ja nicht seine Einwilligung zum Beginn einer dauernden Liebe gegeben. Möglich, dass dieser erst so empörenden Gewalt ein tiefer Sinn zugrunde liegt, möglich auch, dass sie ihren wilden Reiz hat.«[41] Gauguin ist, nach heutigem Kenntnisstand, Teha'amanas erster sexueller Kontakt und er überträgt ihr eine Geschlechtskrankheit. Seine Südsee-Bilder machen ihn berühmt und werden von da an in den bedeutendsten Museen der Welt ausgestellt. Kritisch befassen wird sich mit seinem Werk vor allem die pazifische Kunst und Kunstkritik später. 2022 stellt die Künstlerin Yuki Kihara aus Samoa in *Paradise Camp* seine Werke mit Mitgliedern der Fa'afafine nach, das sind trans Personen, die in der samoanischen Kultur als eigenständiges Geschlecht anerkannt sind.

Zur Blütezeit des deutschen Kolonialismus malt auch Ernst Ludwig Kirchner Schwarze Nackte, am berühmtesten wurde die »Schlafende Milli« von 1911. Die Autorin und Kommunikationswissenschaftlerin Natasha A. Kelly hat erforscht, dass »Milli« ein Kosename war, den Kirchner für verschiedene Schwarze Frauen verwendete. Obwohl es also nicht dieselbe Frau war, die er malte, untertitelte er sie alle mit »Milli« und machte so mehrere Schwarze Frauen zu *einer.* »Wir als Schwarze Menschen waren nicht genug und waren nicht interessant genug, um tatsächlich im Detail und in unserer Identität erforscht zu werden«, analysiert Kelly.[42] Dabei war Kirchner nie in den damaligen Kolonien gewesen. Er nahm sein Wissen über die Menschen von sogenannten »Völkerschauen«, aus Varietés oder Völkerkunde-Museen. Für die »Völkerschauen« wurden nicht-weiße Menschen nach Europa verschleppt und gezwungen, sich nackt zu zeigen oder vor Publikum die Beine zu spreizen. Häufig wurden sie mit künstlerischem Anspruch abgebildet und grotesk verzerrt. Die Genitalien der verschleppten Südafrikanerin Sarah Baartman beispielsweise wurden nach ihrem Tod in einem Glas ausgestellt und bis 1972 in einem Pariser Museum gezeigt.[43]

Nicht-weiße Frauen sind dem männlichen Blick in der Kunst besonders ausgesetzt und vor allem die Körper Schwarzer Frauen werden reduziert zu Symbolen sexueller Abnormalität, so Kunsthistorikerin Lynda Nead. Die weiße Gesellschaft hatte, zwischen Anziehung und Angst, eine Obsession mit Hintern und Genitalien Schwarzer Frauen.[44] Ihnen wurde eine bestialische Sexualität angehängt, schreibt auch die Autorin Claudette Johnson, »wie im Bond-Film in der Rolle gespielt von Grace Jones« oder in Manets *Olympia*, wo außerdem »die strategische Positionierung und obskure Darstellung der Dienerin dazu dient, die Weißheit der liegenden Frau hervorzuheben«.[45]

Doch von solchen wenigen kritischen Stimmen in der Kulturkritik abgesehen hinterfragt der Mainstream der europäischen oder US-amerikanischen Kunstkritik den eigenen Blick nicht. Weder den kolonialen und rassistischen, noch den misogynen. Einer der bekanntesten Kunsthistoriker und Kunstsammler im 20. Jahrhundert ist der Brite Kenneth Clark. Er leitete die größten britischen Museen, hatte eine erfolgreiche Doku-Reihe in der *BBC* über Kunst und Philosophie, trat sogar bei Monty Pythons *Flying Circus* auf – und sein Faible war, klar, *The Nude*, also Akte. Sein gleichnamiges Buch von 1956 lässt aber erkennen, dass er mit »Nudes« nur gelegentlich auch männliche Akte meint, meistens stillschweigend weibliche.

Eindeutig unterscheiden hingegen tut Clark in seiner Kunsttheorie die Nackten in anderer Hinsicht. Und zwar die echten Nackten, *the naked*, von den abgebildeten Nackten, *the nudes*. Echte Nackte seien nur »zusammengekauerte, wehrlose Körper«, so Clark, die abgebildeten hingegen »ausgewogene, blühende, selbstsichere Körper«.[46] Der eigentliche nackte Körper sei »nicht etwas, das sich zu Kunst machen« ließe, so Clark, denn »wir wollen nicht imitieren, wir wollen perfektionieren«. In dieser Zuschreibung Clarks, in der der echte (meist weibliche) Körper irgendwie profan ist und nur sein Abbild ausgewogen und strahlend, liegt eine Hierarchie, wie später Kollegin Lynda Nead analysiert: »Clarks Kategorie der *naked* gehört zur untergebenen, weiblichen Körperlichkeit, wohingegen *the nude* ein Ausläufer erhabener männlicher Eigenschaften ist, die mit dem Geist verbunden sind.«[47] Er teile damit die Welt in zwei Gegensätze ein, die sich wechselseitig ausschließen, wie es eben auch sonst in unserer symbolischen Ordnung üblich ist, so Nead: »Dieser fundamentale Dualismus hängt mit zahlreichen anderen Gegensatzpaaren zusammen, wie Kultur und Natur, Vernunft und Gefühl, Subjekt und Objekt, Geist (…) und Körper.« Diese Einteilung in echtes Nacktsein und künstlerische Nacktheit, die einer der einflussreichsten Deuter nackter Bilder vornahm, ist auch für die Kulturwissenschaftlerin Kerstin Gernig zentral für unsere Gesellschaftsordnung: »Nacktheit wird durch die Inszenierung somit zu einer Art Gewand, das auch zur Konstruktion von Differenzen in Bezug auf *race, class und gender* beiträgt.«[48] Wie mit Geschichten schaffen wir auch mit Bildern – aber hier auf besondere Weise – eine Ordnung: Wer macht sich vor der Leinwand nackig, wer nicht? Wer zeichnet die Nackten, und macht sich damit zum Schöpfer erhabener *Nudes*, wer nicht? Warum zeichnen die Schöpfer selten sich selbst nackt, oder ihr Geschlecht? Sind die Nackten auf dem Bild aktiv oder passiv? Welche nackten Körper werden aufgewertet, welche abgewertet, welche mystifiziert, welche rassifiziert, welche beschämt?

Und hinter allem steht: Während das nackte weibliche Aktmodell bloß *erscheint*, ist der spätere Akt Ausfluss des *Geistes* des Zeichners. Den Vorgang des Zeichnens finden dabei übrigens Kunstkritiker wie Künstler selbst *erotisch*. Clark meint, die Gemälde der nackten Schwestern von Fontainebleau umgebe ein Geruch stilvoller Erotik, ähnlich wie Amber oder Moschus. Renoir meinte auf die Frage, wie er mit seinen zittrigen Arthritis-Händen male, er male ohnehin mit seinem »Schwanz«.[49] Und als Accessoire für ihr Schaffen als Künstler wählten viele auf Selbstporträts nicht Pinsel oder Leinwand, sondern – im Wortsinne nahe (bei ihnen) liegend– eine nackte Frau: Henri Matisse, Francesc Serra, Otto Dix, Lovis Corinth. Letzterer bildete sogar seine Mal(!)-Schülerin Charlotte Berend nackt neben sich ab, mit seiner Hand auf ihrer Brust, denn eine Mal-Schülerin nimmt ja Unterricht im Gemalt*werden*. Künstler wie Kunstkritiker haben auch mit dieser sexualisierten Metaphorik, so Lynda Nead, »systematisch unsere Einstellungen zum weiblich gelesenen Körper und seiner Ästhetik verfestigt, die heute das Patriarchat dominieren.«[50]

Dieser *male gaze* bleibt auch im vermeintlich befreiten 20. Jahrhundert und seinem wohl massenpopulärsten Maler lange unhinterfragt. Wen meine ich? »Ich hasse ihn«, sagt Comedian Hannah Gadsby in ihrer Netflix-Show *Nannette* über ihn. »Aber das darfst du nicht – weil: Kubismus! Und wenn du den Kubismus zerstörst, wird die Zivilisation, wie wir sie kennen, zerbröckeln.« Gemeint ist der Spanier Pablo Picasso. Er feierte oder entstellte den weiblichen Körper je nach Begierde oder Hass, die er gerade für sein Objekt empfand. Seine erste Frau, die russische Balletttänzerin Olga Khokhlova, die auf seinen Wunsch ihre Karriere aufgibt, malt er zunächst würdevoll wie im *Porträt von Olga Khokhlova* von 1923. Als er dann aber im Alter von 40 obsessiv der 17-jährigen Marie-Thérèse Walter nachsteigt, die er gern schlafend oder mit prallen nackten Brüsten oder schlafend mit prallen nackten Brüsten zeichnet, malt er seine Frau Olga meist nur noch grotesk, deformiert, monströs, verzerrt, mit Fratze und Hängebrüsten. Als ihn später die Künstlerin Françoise Gilot, mit der er zwei Kinder hat, verlässt, boykottiert er ihre Karriere, so dass sie eine Zeit lang nicht mehr in Paris ausstellen kann. Gilot sagt später über ihn: »Er behauptete mit Vorliebe: ›Es gibt nur zwei Kategorien von Frauen – Göttinnen und Fußabstreifer.‹«[51] Als Picasso dann 72 Jahre alt ist, verliebt er sich in die 46 Jahre jüngere Keramikverkäuferin Jacqueline Roque. »Der Kubismus ist wichtig. Das ist er wirklich. Er hat alles verändert. Die klassische Fluchtpunkt-Perspektive, die Illusion, dass es die eine stabile Sicht auf die Welt geben würde, das hat Picasso über den Haufen geworfen«, sagt Hannah Gadsby. »Picasso hat gesagt: Nein! Ihr könnt ALLE Perspektiven auf einmal haben. Von oben, von unten, von der Seite, alles zugleich! Danke, Picasso. Was für ein Typ. Was für ein Held. Aber sagt mal – war irgendeine dieser Perspektiven weiblich?« Die Antwort darauf können vermutlich am besten die Abgebildeten geben. Sein häufiges Modell, die Fotografin Dora Maar, sagt: Nein. »Seine Porträts von mir sind alles Lügen. Es sind allesamt Picassos, kein einziges davon ist Dora Maar.«[52]

Die Perspektive von Frauen in der Kunst ist zu diesem Zeitpunkt noch selten. »Müssen Frauen nackt sein, um ins Metropolitan Museum zu kommen?« schreibt 1989 die US-Künstlerinnengruppe *Guerilla Girls*. Sie zählen: »Weniger als 5 Prozent der Ausgestellten in der Abteilung für Moderne Kunst sind Frauen, aber 85 Prozent der Aktmodelle.« Denn Frauen durften jahrhundertelang keine Aktbilder zeichnen.[53] »Frauen sollten, wenn sie überhaupt zeichnen oder malen, gefälligst Stillleben von Obst und Blumen malen oder liebliche Porträts«, wie Lambert und Ziegler in *Brüste – Das Buch* zeigen.[54] Nur einige widersetzten sich.

Wenn Nackte sich selbst malen

Im 17. Jahrhundert ignoriert Artemisia Gentileschi, dass Frauen sich nicht in Malerei ausbilden lassen dürfen, und nimmt Unterricht bei ihrem Vater, einem Maler. 1610 zeichnet sie in Rom mit 17 Jahren den bis heute ersten bekannten Frauenakt aus weiblicher Hand. In *Susanna und die Älteren* wehrt sich die junge, nackte Susanna gegen zwei alte, angezogene Männer, die sie bedrängen und ihr ins Ohr flüstern. Von deren Mansplaining und Annäherungsversuch wendet sie sich angewidert ab.

Sehr viel später, Anfang des 20. Jahrhunderts, ist Paula Modersohn-Becker die erste Frau im Aktstudium an der Pariser Akademie und zeichnet selbstbestimmt ihre nackten Brüste und die von Bäuerinnen, sachlich und nüchtern, wie sie sind, auch wenn ihr Gatte meint, das könne sie doch schöner.[55] Glamouröse Brüste von Reichen und Berühmten malt in den 1920ern und 30ern Tamara de Lempicka in Paris und New York. Brutal und verletzlich scheinen die Brüste, wie die gesamten Körper und Figuren, bei Frida Kahlo in Mexiko. Ab den späten 60ern dann intervenieren immer mehr Künstlerinnen in den Diskurs um den als weiblich gelesenen Körper.

Während Frauen mit den *body politics* damals generell körperliche Rechte erstreiten, fordern Künstlerinnen im Speziellen das Recht, den weiblichen Körper und die weibliche Sexualität selber zu repräsentieren. Die österreichische Künstlerin VALIE EXPORT hängt sich 1968 in der Fußgängerzone einen Kasten vor die Brust, in den Männer für 12 Sekunden hineinfassen können, und dreht in der Videodokumentation dieses *Tapp- und Tastkinos* den *male gaze* um: Die Voyeure werden zu Objekten. Sie beschreibt ihre Arbeit als »erste Schritte einer Frau vom Objekt-Sein zum Subjekt-Sein«. Und auch die vorher von Clark behauptete Gegenüberstellung von *naked* und *nude* geht nicht mehr auf, denn der echte physische Körper von VALIE EXPORT ist auch gleichzeitig das künstlerische Schaffenswerk ihrer Performance und Videodokumentation. Kollegin Judy Chicago zieht 1971 in der Nahaufnahme *Red Flag* einen blutigen Tampon aus einer Vulva und verbindet mit dem Faden das idealisierte Äußere der Frauen mit ihrem Innenleben. »In einem weiblichen Körper zu leben ist anders als als Mann auf ihn zu gucken. Selbst die *Venus von Urbina* menstruiert, wie Frauen wissen und Männer vergessen«, schreibt Lisa Tickner 1978 in einem der ersten feministischen Artikel in einer Mainstream-Zeitschrift, der *Art History*.[56] Und die französisch-schweizerische Malerin und Bildhauerin Niki de Saint Phalle formt später betont üppige Frauen mit großen Brüsten, lässt das Publikum schon mal ihre raumgroßen Frauenfiguren durch eine Vagina betreten und unterläuft so den von außen auf den weiblichen Körper gerichteten *male gaze*.

Manche Künstlerinnen stellen damals weibliche Identitäten in den Vordergrund. Andere hinterfragen das Bild der Frau an sich und stellen ihm vielfältige Identitäten entgegen, abhängig von Klasse, *race*, sexuellen Vorlieben oder körperlichen Fähigkeiten. Denn zu lange war der weiße, »gesunde«, junge Mittelklasse-Körper das Ideal von Weiblichkeit. Die nicht-weiße Künstlerin Lesley Anderson malt 1989 in *Time for a Change* sich selbst nackt und mit Glatze vor einem Gemälde, auf dem wiederum sie ist, allerdings orientalisiert, mit Kopfschmuck, strenger Bluse, langem Rock und bravem Blick. Wir kontrollieren unsere Identitäten, indem wir die Bilder unseres Körper kontrollieren, schreibt Lynda Nead.[57]

Nead analysiert in *The Female Nude*, wie sich Nacktbilder je nach Maler*in unterscheiden können, auch wenn sie auf den ersten Blick gleich wirken: Der Franzose Yves Klein hatte 1960 Abdrücke von Frauenbrüsten gemacht. Er trug Farbe auf Brust und Rumpf von Frauen auf und ließ sie sich an der Wand abdrücken. Die Abdrücke der Farbe stellte er aus, aber vor allem auch Fotos vom Vorgang. Ein Foto zeigt, wie eine bemalte Frau vor ihrem Abdruck an der Wand steht und passiv und ausdruckslos zu Boden guckt, Kleins Hand ragt ins Bild und hält sie mit festem Griff am Handgelenk. Klein kontrolliert die Frauen, sie sind Instrument oder, wie der Name der Reihe sagt, *Weibliche Pinsel.* Er selbst drückt es am besten aus, wie Lynda Nead wiedergibt: »Ich habe schnell erkannt, dass mich der ›Block‹ des Körpers fasziniert, also der Torso und Teile der Hüften. Die Hände, die Arme, der Kopf, die Beine waren unwichtig. Nur der Körper lebt, allmächtig, und denkt nicht.«[58] Dreißig Jahre später, 1990, macht die Künstlerin Chila Kumari Burman ebenfalls Abdrücke von Brüsten. Sie bildet, wie viele Künstlerinnen der Zeit, allerdings *sich selbst* ab. Das Aktmodell *ist* die Künstlerin. Sie hat die Kontrolle über ihren Körper und über unser Bild davon. Außerdem fügt Burman dem Abdruck Farben und Glitzer hinzu, was beides auf ihre hinduistische Familiengeschichte verweist.

Natürlich versuchen auch manchmal Männer, Frauenakte neu und emanzipatorisch zu gestalten. Der Fotograf Robert Mapplethorpe zum Beispiel wählt 1980 die Bodybuilderin Lisa Lyon. Er zeigt sie nackt und mit gereckten Fäusten und angespanntem Bizeps. Um Lyons Körper noch gestählter aussehen zu lassen, konturiert er ihren Körper. Doch hier werde ein altes Ideal lediglich von einem neuen abgelöst, wie Lynda Nead analysiert. Der Körper ist nun nicht mehr zart, sondern hart, aber immer noch präzise, exakt, bearbeitet. Nead zitiert Bruce Chatwin, der über das Bild schreibt: »Ihr Körper ist ein Superlativ – klein, geschmeidig, schlank, ohne ein Pfund Fett zu viel.«[59] Erstaunlich, so Nead, dass man an dem Körper einer Bodybuilderin, der durch Ausdauer und Gewichtheben geformt wurde, den kleinen Umfang lobt, »klein, geschmeidig, schlank«.

Das Patriarchat werde ihrer Ansicht nach durch ein Bild wie dieses jedenfalls nicht bedroht. Denn weiter würde unser weiblicher Körper streng geformt: »Die formlose Masse des weiblichen Körpers muss von Grenzen, Gewohnheiten und Posen eingehegt werden.«[60]

Nead bezieht sich hier auch auf die Analysen des Literaturwissenschaftlers Klaus Theweleit, der in den 70ern in *Männerphantasien* beschreibt, wie faschistische deutsche Freikorps Frauenkörper imaginierten: als unstrukturierte leibliche Masse, als Fleisch, als Blut; Weibliches, Verweiblichtes und Kommunistisches sind hier eins, *eine rote Flut.* Damit der kriegerische Mann in dieser roten Flut nicht verloren geht, muss er jedes Weibliche von *außerhalb* an sich abperlen lassen und auch jedes primitive weibliche Fleisch *in sich* beherrschen. Er wappnet seinen Körper deshalb mit einem Schutzschild, panzert ihn und steckt seine Grenzen ab. Wegen dieser Furcht vor dem grenzenlosen zarten Weiblichen müssen vor allem *Frauenkörper*, so Lynda Nead, bildlich und erzählerisch eingegrenzt werden. Gerade ihr Körper darf nicht zerfließen. Dabei tut er das im wahren Leben so oft: Er hängt, er quillt, er wölbt sich, hat Dellen, Beulen, Haare, Ekzeme, Narben, Muttermale, Grübchen oder Prothesen. Doch vor jeglicher weiblicher Fleischmasse müssen sich soldatische Männer – und der Mann ist natürlich idealerweise soldatisch – schützen. Deshalb sollen vor allem weibliche Akte – grundsätzlich aber beide – vermännlicht werden und klare Konturen kriegen, wie Lynda Nead analysiert. Dort, wo Konturen in der Kunst aufbrechen, wie etwa ab der Jahrhundertwende und unter anderem bei Georges Rouaults *Zwei Prostituierte und Tochter* von 1906, bedauert Kunsthistoriker Clark, dass »klare geometrische Formen und ihre harmonische Anordnung verworfen werden zugunsten von klumpiger, gequollener, träger Masse«. Von manchen Figuren wünscht sich Clark, »sie wären angezogen«. Er favorisiert, dass Figuren »so verführerisch wie möglich« erscheinen – aber auch »das Gegenteil von obszön«. Und verführerisch statt obszön war im *male gaze* vor allem der klar geformte, gesunde, fitte, junge und weiße Körper.

Dieses Ideal des Frauenaktes kritisieren ab den 1980ern immer mehr Künstlerinnen. Die Britin Jo Spence fotografiert und inszeniert in *Exiled* sich selbst als alternde Frau und mit vernarbter Brust nach einer Krebs-Operation und fragt mit Edding-Aufschrift auf ihrer Brust: »Property of Jo Spence?« Die Künstlerin Mary Duffy aus New York zeigt 1987 in der Fotoreihe *Cutting the Ties that Bind* eine Frau, die wie eine Mumie in Stoff gehüllt ist. Von Foto zu Foto schüttelt sie sich mehr Stoff ab. Als schließlich alle Hüllen gefallen sind, sehen wir, dass sie keine Arme hat. »Ich war mein Leben lang umgeben von Bildern einer Kultur, die hohe physische Schönheit und Ganzheit wertschätzt, eine Kultur, die Unterschiedlichkeit leugnet. Meine Identität als Frau mit Behinderung ist stark, sinnlich, sexuell, fluide, flexibel und politisch.«[61]

Heute, in der Gegenwart, hinterfragen immer mehr Künstler*innen die Zuschreibungen an Aktmodelle, die Binarität zwischen Modell und Künstler*in und die Binarität der Geschlechter. In den Arbeiten der US-amerikanischen Malerin Jenna Gribbon stechen leuchtende pinke Nippel hervor, ihre Aktmodelle spielen aber mit dem Blick der Betrachtenden. Sie drehen zum Beispiel eine Lampe auf die betrachtende oder zeichnende Person, wie in einem Verhör. Oder die Aktmodelle ziehen die (nackte) Malerin selbst in den Bild-Ausschnitt und damit auf die Leinwand. Der Maler Soufiane Ababri, der zwischen Paris und Tanger lebt, hinterfragt als schwuler arabischer Mann westliche und nicht-westliche Erfahrungen und inszeniert mit vielen behaarten, nackten männlichen Nippeln die nackte Männerbrust und außerdem einen homosexuellen *minority gaze.* Fotografin Melody Melamed porträtiert People of Color und Menschen mit trans*Erfahrung. Und ihr Kollege Dustin Thierry reist durch die Ballroom-Szene, wo queere People of Color im Voguing einen Rückzugsort suchen.

Welche Brüste wir zu Gesicht bekommen und welche nicht, ändert sich aktuell auch ein wenig durch queere und diverse Serien und Filme. Doch die queere Vielfalt kommt in liberaleren Regionen gerade erst aus der Nische, ist in vielen Regionen der Welt weiterhin bedroht, unter anderem von Rechtsextremen. Und darüber hinaus ist unsere Bilderwelt heute – mehr noch als von Kunst, Serien und Filmen – von Social Media geprägt, wo eben weiße Männer und Algorithmen von weißen Männern die Norm für Nacktheit und Körperideale setzen: Männer sportlich, Frauen dünn und auf keinen Fall normalgewichtig. Die Social-Media-Plattformen bieten uns außerdem an, unseren Anblick mit Filtern zu »verschönern«. Sie domestizieren unsere digitalen Körper, sie zwängen sie in zwei binäre Schubladen – und canceln sie im Falle »weiblicher« Nippel.

Doch wann ist das Bild einer Brust tabu – wann akzeptabel? Instagram und Co. machen es am Nippel fest: Er ist »weiblich«, er ist inakzeptabel. Aber wie war es früher?

Was ist schön und was obszön?

Was in der Kunst als Kunst galt und was als Pornografie, damit befassten sich häufig Gerichte. Sie beriefen sich bei der Entscheidung immer wieder auf den angenommenen Geschmack durchschnittlicher oder sogenannter »einfacher« Leute. So war für den US-Supreme-Court in den 70ern, als sexuelle Liberalität ihren Lauf hatte, das entscheidende Kriterium, ob eine »durchschnittliche Person, die zeitgenössische Gemeinschaftswerte teile, fände, dass das Werk als Ganzes Lüsternheit erwecke«, erklärt Lynda

Nead.[62] Auch britische Gerichte hielten zu der Zeit »aktuelle Wertvorstellungen gewöhnlicher einfacher Leute« für ausschlaggebend. Das kann man demokratisch finden, weil es sich an einer (angenommenen) Durchschnittsbewertung orientiert, ermöglicht aber, dass sich Gerichte einem eigenen Urteil entziehen, bei dem sie rechtliche Grundsätze wie Gleichbehandlung beachten müssten. Der Massengeschmack kann auch Männernippel okay finden und Frauennippel nicht, oder nackte Schwarze auf Covern okay und nackte Weiße nicht, oder dünne Körper okay, aber dicke nicht. Richter*innen sind mutmaßlich nicht progressiver als der Durchschnittsmensch, müssen Ungleichbehandlungen aber zumindest rechtfertigen, der Massengeschmack nicht. Nach dieser Maßgabe kann tatsächlich eine vom Massengeschmack abweichende Ästhetik leichter als obszön delegitimiert werden. In der Folge prägen uns dann nur noch normierte Bilder. Nur sie sind auf dem Markt, dürfen bleiben, beeinflussen unseren Blick, unser Begehren, unsere Ästhetik. Die Idee von Pornografie an sich – vom griechischen *pornográphos* abgeleitet, das heißt »über Huren schreibend« – sei überhaupt erst entstanden, so Nead, indem man behauptet habe, etwas sei außerhalb der Ästhetik, also abweichend. Erotische Bilder gab es schon an Wänden in Pompeii oder im alten Rom. Ungewöhnlich oder pornografisch wurde diese Kunst erst dadurch, so Nead, dass »feine Herren« der Archäologie im 18. Jahrhundert beim Auffinden der Malereien entschieden, alles in ein *Geheimes Museum* zu stecken. Und in ein solches Museum sollten nur Wissenschaftler kommen dürfen, die es weder zum Erröten noch zum Lächeln brächte, sondern die die Statuen betrachteten wie ein Pathologe seine Kadaver.[63] Dabei befanden sich die erotischen Wandmalereien an vielfältigen Orten, in Bordellen, aber auch Thermen und Privathäusern, und auch direkt neben anderen Bildern, die ganz gewöhnliche Alltagsszenen darstellten. Nach dem

Archäologen Stefan Ritter haben »die erotischen Bilder keineswegs die isolierte Sonderrolle, die ihnen bislang stets zugeschrieben wurde«, und zeigen »keine Sondernutzung der betreffenden Räume an«.[64] Dennoch machte hinsichtlich der Abbildung von Nackten Kunstkritiker Clark eine klare Trennung zwischen Kunst und Pornografie: »Die pornografischen Wandgemälde in Pompeji sind Dokumente und haben nichts mit Kunst zu tun.«[65] Nead erklärt: Erst indem etwas versteckt werde, gebe man dem Gewöhnlichen etwas Verbotenes. Und erst indem etwas als gefährliches Wissen eingestuft wurde, entstand im Laufe des 19. Jahrhunderts das moderne Verständnis von Pornografie, in Großbritannien rechtlich abgesteckt mit dem sogenannten *Obscene Publication Act* von 1857. Und je günstiger Drucke wurden, je mehr Leute Zugang zu Büchern hatten und lesen konnten und je mehr Menschen in den wachsenden Städten zusammenkamen, desto notwendiger erschien es den Machthabenden, den Zugang zu bestimmten Bildern von Nacktheit einzuschränken – »vor allem für ›vulnerable‹ Gruppen wie Frauen, Kinder und Arme, die für Verdorbenheit prädestiniert waren oder ihnen mangels Selbstdisziplin nicht widerstehen konnten«, so Nead.[66] Während echte *Schönheit* oder Kunst im Auge vieler Kunstkritiker besinnliche Kontemplation hervorrufe, errege *Obszönität* Aufsehen und Erregung und sei deshalb besser in der Pornografie aufgehoben. Nead zitiert den Kollegen Clark, für den Kunst ab dem Moment, wo sie dazu »ansporne, aktiv zu werden«, ihren Charakter verliere. So sei das für ihn bei kommunistischer Propaganda und bei Pornografie.

Die Unterscheidung zwischen *hoher Kunst* und *billiger Pornografie*, die Kritiker wie Clark geprägt haben, zeigt dabei sehr Interessantes, so Lynda Nead: In der Pornografie sähen wir, dass alle möglichen extravaganten Brüste von manchen Menschen als attraktiv empfunden werden, nur sind sie als »verbotene« Erotik an den Rand gedrängt. In der *hohen Kunst* hingegen haben nur bestimmte Brüste Platz. Und das prägt unsere Bilder von Körpern bis ins Freibad und auf die Bühne des Superbowl. Ähnlich analysiere das, so Nead, auch Foucault, indem er *ars erotica* und *scientia sexualis* unterschied. Die *ars erotica* sei in antiken und nicht-westlichen Kulturen üblich gewesen und vermittle Kenntnisse über das Sexuelle, ohne zu kategorisieren. Die *scientia sexualis* erscheine in modernen, aufgeklärten Gesellschaften und kategorisiere die Menschen ab dem 19. Jahrhundert nach festgezurrten »Sexualitäten«, die eine Art Persönlichkeitseigenschaft seien, und produziere so Machtverhältnisse zwischen vermeintlich Normalen und Abnormalen.[67] Die Pornografie soll hier allerdings nicht fälschlicherweise als automatisch progressiv im Sinne einer *ars erotica* verstanden werden, es kommt auf den Inhalt an. Und auch sie definiert ihrerseits, was gewöhnlich und was Kink ist.

Doch was schön und was obszön ist, das entscheidet vor allem die hohe Kunst. Lehrbücher fürs Aktzeichnen im späten 20. Jahrhundert erklären, was »natürliche Schönheit« ist und was bloße »Obszönität«, zitiert Lynda Nead: »Übertreibt nicht bei Details wie zu dicken Wimpern, roten Lippen, rosa Wangen, lackierten Fingernägeln oder Zehennägeln. Es ist besser, wenn die Modelle nur ein Minimum an Makeup tragen.«[68] Die Wirkung der Lehrbücher war aber oft anders als intendiert. Manche Akt-Lehrbücher wurden zwar für den elitären Markt gemacht, mit vermeintlich nur sinnlichen Abbildungen (nicht pornografischen!), waren dann aber doch wegen der hohen Nachfrage an jedem Bahnhofskiosk zu kriegen und mussten zum Teil in Folie eingeschweißt werden, um nicht von Hunderten angegrabbelt und unverkäuflich zu werden. Die Realität zeigt also: Die Grenze zwischen Kunst und Pornografie ist eine künstliche. Darüber amüsierte sich auch der französische Soziologe Pierre Bourdieu, der die »feinen Unterschiede« an vermeintlicher Kultiviertheit analysiert und zeigt, wie daraus Machtverhältnisse entstehen. So stellt er gegenüber, wie die *Le Monde* 1965 über nackte Ballerinas in einem Opernballett schrieb, sie behielten, selbst als nackte Tänzerinnen, eine unverletzbare Reinheit. Hingegen fand die *Le Monde* 1970 im Musical *Hair* die Nacktszenen kommerziell und dramaturgisch sinnlos.[69] Wann die magische Grenze des Ästhetischen überschritten ist, liegt also im Auge des männlichen Betrachters in seinem Atelier, Museum oder Feuilleton – nicht im Auge derjenigen Person, die sich auszieht.

Frauen, die sich trotzdem aus Gründen der Kunst ausziehen, riskieren also damals wie heute eine Gratwanderung. Diese Gratwanderung machte 1990 ein Kollektiv aus drei Frauen aus San Francisco namens *Kiss & Tell* sichtbar. Sie machten Fotos von menschlichen Interaktionen und stellten sie in einer Reihe aus. Die Fotos begannen mit harmlosen alltäglichen Berührungen und endeten bei extremen Bildern von Voyeurismus und Sado-Masochismus. Das Publikum war aufgefordert, auf den Wänden zu verzeichnen, wo es sich nicht mehr um Erotik, sondern Obszönität handele (wobei nur Frauen an die Wände malen durften, Männer in ein separates Buch). Die Einschätzungen lagen, sogar bei dieser sehr kleinen Gruppe von Frauen, die die Ausstellung besuchten, verblüffend weit auseinander, zum Beispiel in ihrer Einschätzung lesbischer sexueller Abbildungen. Indem die Individuen selbst einschätzten und die Reaktionen der anderen sahen, hinterfragten sie die Idee, dass Erotik und Begehren und Ästhetik verallgemeinerbar wären, schildert Lynda Nead.[70] *Drawing the Line*, so der Name des Kunstwerks, reflektierte den Kampf um die Deutungshoheit, was als schön gilt, was als obszön. Den Kampf darum, selber zu definieren, wie Körper gelesen werden, anstatt den männlichen heterosexuellen Blick zu übernehmen.

Warum nackte Brüste das System stören

Wie unsere Körper repräsentiert werden und wie wir sie selbst präsentieren dürfen, ist zentral für feministische Kämpfe, so Nead: »Wenn Feminist*innen den weiblich gelesenen Körper zurückerobern, heißt das, dass sie die Autorität patriarchaler Grenzen herausfordern, Grenzen der Geschlechter, Grenzen der Identitäten, Grenzen von Kunst und Obszönem, Grenzen von Erlaubtem und Verbotenem.«[71] Über den weiblichen und queeren Körper selbst zu bestimmen, trifft ins Herz des Patriarchats und seiner Grundprinzipien, wonach wir uns dem männlichen Willen und Blick fügen. Heute, wo wir uns alle günstig selbst fotografieren, filmen und diese Bilder verbreiten können, scheinen diese eigenen Bilder in unserer Hand zu liegen. Doch tatsächlich bestimmen auf der Straße immer noch Justiz und Öffentlichkeit, was wir zeigen dürfen, und im Netz die unsichtbare Algorithmen-Hand des digitalen Marktes. Und nach wie vor sind körperliche Liberalisierungen wie in den 70ern und 80ern oder die heutigen queerfeministischen, sexpositiven und bodypositiven Bewegungen bedroht durch konservative, religiöse, rechte und faschistische Stimmen, die diese Freiheiten ablehnen. Denn die Rechte ahnt mehr als sie weiß: Körperliche und sexuelle Freiheiten sind mit sozialen und gesellschaftlichen Freiheiten verbunden und damit Teil – und oft Beginn – sozialer Revolutionen.

Sich gegen den *male gaze* in Kultur und Naturwissenschaften zur Wehr zu setzen, macht viel mehr, als nur unsere Körper zu befreien. Es stellt auch viele Geschäftsmodelle mit dem weiblichen Körper in Frage – und unsere Arbeitsteilung. Denn bisher ist es ja so: Entweder unsere nackte Brust ist *Depot für die Muttermilch*, weist der Frau spätestens ab dem ersten Kind den Weg in die häusliche und fürsorgliche Sphäre und legt damit die Basis für die zweigeteilte Welt aus Care-Arbeit und »echten Jobs«. Oder die nackte »weibliche« Brust ist *Depot für Geld* und wir unterwerfen ihre Träger*innen den Anforderungen eines Marktes. An unserer Brust verdient von Saison zu Saison und von Jahrhundert zu Jahrhundert mit Korsett, Push-up und Nipple Patch die Modeindustrie, die bis heute vor allem von männlichen Designern und großen transnationalen Unternehmen geprägt ist. An unserer Brust verdienen Werbung, Privatfernsehen und Unterhaltungsbranche, die nicht immer alle Gewinne an die Brüsteinhaberinnen abgeben. An unserer Brust und unserem Körper generell verdient eine Medizin, Pharmabranche und Ernährungsindustrie, die einen fragwürdigen Body-Mass-Index vorgibt. Und an unserer Brust verdient eine Schönheitschirurgie, die uns normiert: Jede kann selbstverständlich an ihre Brüste dranklatschen oder wegschnibbeln, was sie möchte. Wir entscheiden schließlich, was wir an uns schön finden. Doch oft machen Herstellerfirmen und Arztpraxen mit Brust-OPs Geschäfte mit – häufig jungen – Menschen, ohne sie richtig aufzuklären.[72] Anfang des 20. Jahrhunderts implantierten sie Glaskugeln, Elfenbein, Holzspäne, Erdnussbutter, Honig, Ziegenmilch und Knorpelgewebe von Rindern in unseren Busen, wie die Wissenschaftsjournalistin Florence Williams beschreibt, ab der Kunststoffrevolution dann Teflon, Nylon, Plexiglas und später Silikon, ein Hybrid aus Glas und Kunststoff.[73] Das ist nicht immer erfolgreich, so Williams: Manche Brüste verrutschen oder laufen aus, andere verlieren die sexuelle Empfindsamkeit, die Fähigkeit zur Milchbildung (bis zu 64 Prozent bei Implantaten mit Gel oder Kochsalzlösung), oder Implantate verhindern wirksame Mammografien und damit eine Krebs-Früherkennung.[74] Und neben all dem Drama für die Betroffenen machen Silikonimplantate auch noch den Krematorien Ärger, denn das Material verbrennt nicht, sondern muss nach der Einäscherung mühsam abgeschabt werden.[75] All das hielt den Fernsehsender RTL nicht davon ab, 2004 eine Brust-OP »ohne Werbeunterbrechung« live zu übertragen, begleitet von Moderatorin Birgit Schrowange und Reporter Markus Lanz. Und die Münchner Residenzklinik am Hofgarten warb rechtzeitig zum Oktoberfest für Brust-OPs: »Wenn man im Dirndl kein Holz vor der Hüttn hat, kann das sehr belastend sein.«[76]

Doch die ganzen Versuche, uns zu bändigen, können langfristig nur scheitern. Denn Frauen und ihre Körper sind grenzenlos, wie unter anderem die französische Feministin Luce Irigaray beschreibt. »Indem wir uns ausbreiten, nie aufhören uns zu entfalten, werden wir zwangsläufig so viele verschiedene Stimmen hervorbringen, die ›uns‹ alle vertreten, mit all unseren Brüchen und Fehlern, dass Fürimmer nicht genug Zeit sein wird. Wir werden niemals die Wege durch uns und um uns vollendet haben: so viele Dimensionen haben wir.«[77] Schon allein die weibliche Vielfalt sprengt also die Verhältnisse. Und die queerfeministische Bewegung ergänzt richtigerweise: Nicht nur Frauen sind in ihrer Vielfalt grenzenlos, sondern auch die Geschlechter an sich. Die Gefahr für die bestehende Ordnung liegt darin, die Grenzen der Kategorien zu überschreiten. »Es ist der Vorgang, weder zu dem einen Stand zu gehören, noch zu dem anderen, der am bedrohlichsten ist«, so Lynda Nead.[78] Deswegen ist queeres Verhalten auch so ein Ärgernis für das Patriarchat. Das zeigt sich im Aufruhr über Unisex-Toiletten genauso wie in der Empörung über eine nicht-binäre Sprache. Und auch mit Kleidung können wir Ordnungen queeren und symbolisch Selbstbestimmung einfordern – gerade bei Anlässen mit starren, gegenderten Dresscodes, wie Hochzeiten und Empfänge, wo es nur Anzug *oder* Kleid gibt, oder eben auch in bislang geschlechtlich sortierter Badekleidung oder zu Anlässen, wo Typen einfach obenrum frei gehen. Immer wenn wir diese Schubladen überschreiten, fordern wir die ganze Schubladisierung heraus. Sich oder etwas nicht der binären Ordnung unterzuordnen, beschrieb die bulgarisch-französische Theoretikerin Julia Kristeva als das Abjekt: nicht Subjekt, nicht Objekt, sondern etwas dazwischen. Oft empfinden wir dabei Abneigung, analysiert sie, weil etwas nicht das eine oder das andere ist, zum Beispiel Demenzkranke (nicht tot, aber auch nicht richtig lebendig), Schleim (nicht flüssig, nicht fest) sowie alle Elemente, die mal in uns sind, mal außerhalb von uns (Tränen, Urin, Blut, Fäkalien). Dazu gehört für Kristeva auch Schwangerschaft, zeigt sie doch den Übergang zwischen Existenz und Inexistenz sowie zwischen Selbst und Anderem. Dabei sind all diese fließenden Übergänge menschlich – wie eben die fließenden Übergänge zwischen den Geschlechtern. Doch reaktionäre und faschistische Stimmen entwickeln bei all dem körperlich Fließenden, Kontur*losen* Ekel und Ablehnung, wie auch Theweleit beschreibt.

Umso wichtiger für uns zu wissen, wie politisch die Grenzen dieser Kategorien sind. Denn das half und hilft, Widerstand zu entwickeln. Dabei wird es zum Glück nicht einen Weg von Repräsentation und körperlicher Selbstbestimmung geben, sondern viele, schreibt Lynda Nead, mit »Unterschieden in *race*, Größe, Gesundheit, Alter, physischen Fähigkeiten, die eine Vielfalt weiblicher Identitäten und Standpunkte schaffen«. Viele Körperbilder haben wir nie gesehen. Kein Wunder, dass am französischen Strand bei Jean-Claude Kaufmanns Interviews große, hängende und asymmetrische nackte Brüste als »obszön«, »exhibitionistisch« und »Metzgereiauslage« gelten. Kein Wunder, dass sich der *male gaze* im Internet fortsetzt. Wir kennen ihren Anblick nicht gut genug. Natürlich kennen wir unsere eigenen unnormierten Brüste und die vielfältigen Brüste anderer aus halb öffentlichen Bereichen wie beim Saunaaufenthalt, aber wir kennen nicht ihre Repräsentation im Öffentlichen. Vor allem dulden wir nicht, dass weibliche Körper im öffentlichen und im digitalen öffentlichen Raum einfach sein dürfen. Wir nehmen es als gegeben hin, dass *Lehrer* luftig bekleidete Schülerinnen sexualisiert betrachten, wir maßregeln aber eher nicht sie, sondern die (häufig minderjährigen) Schülerinnen. Wir halten im Schwimmbad den sexuellen *Blick* auf die Brüste für natürlich, nicht aber die *Frau* oben ohne, die keine sexuellen Absichten hat. Dabei unterstellen wir schließlich auch nicht dem Oben-ohne-Typen an der Boulderwand, dass er subtil kokette Blicke verteilt, während er mit den Fingern in seinen Magnesiumsack grabscht. Und es wundert uns auch weiter nicht, dass sich im Urlaub am See oder Strand im Sonnenuntergang immer nur die Frau in knapper Kleidung vor der Kamera räkelt, während ihr Gefährte die Fotos *schießt*. Was obszön ist, was schön, obliegt, wenn nicht dem männlichen Gefährten, so den Bademeistern, der Parkaufsicht, der Polizei, dem Sicherheitsdienst, den IT-Experten aus dem Silicon Valley oder den Betrachtern am Strand.

»Frauen werden reguliert durch wissenschaftliche und kulturelle Klassifizierungen ihrer Körper«, so Lynda Nead. »Männer ziehen Linien um die Kategorie ›Frau‹, Linien, die das Normale vom Abweichenden unterscheiden, das Erwünschte vom Abscheulichen.«[79] Wenn wir uns angucken, wie wir eingehegt werden, sehen wir, welcher Wert dem weiblichen Körper gegeben wird. Und wie vor allem Kunst, Wissenschaft und Schönheitsindustrie definieren, was korrektes ästhetisches Verhalten ist und was die korrekte Reaktion auf Schönheit und Obszönität. Das alles ist für Nead ein »historisches Kontinuum männlicher Macht über den weiblichen Körper« – wenn wir uns angucken, woher das kommt, verstehen wir, warum die Art, wie wir unsere Körper präsentieren, »feministisch gesehen ein hochpolitisches Projekt ist«.[80] Können wir den urteilenden Blicken entkommen? Nicht ganz, sagt Lynda Nead, aber wir können unsere eigenen Urteile hinterfragen. Wir können unsere eigenen Geschichten erzählen. Sie gehen vielleicht nicht gut aus, aber dann sind immerhin wir »die Erzählenden und haben die Kontrolle über die Mittel der Erzählung«.[81]

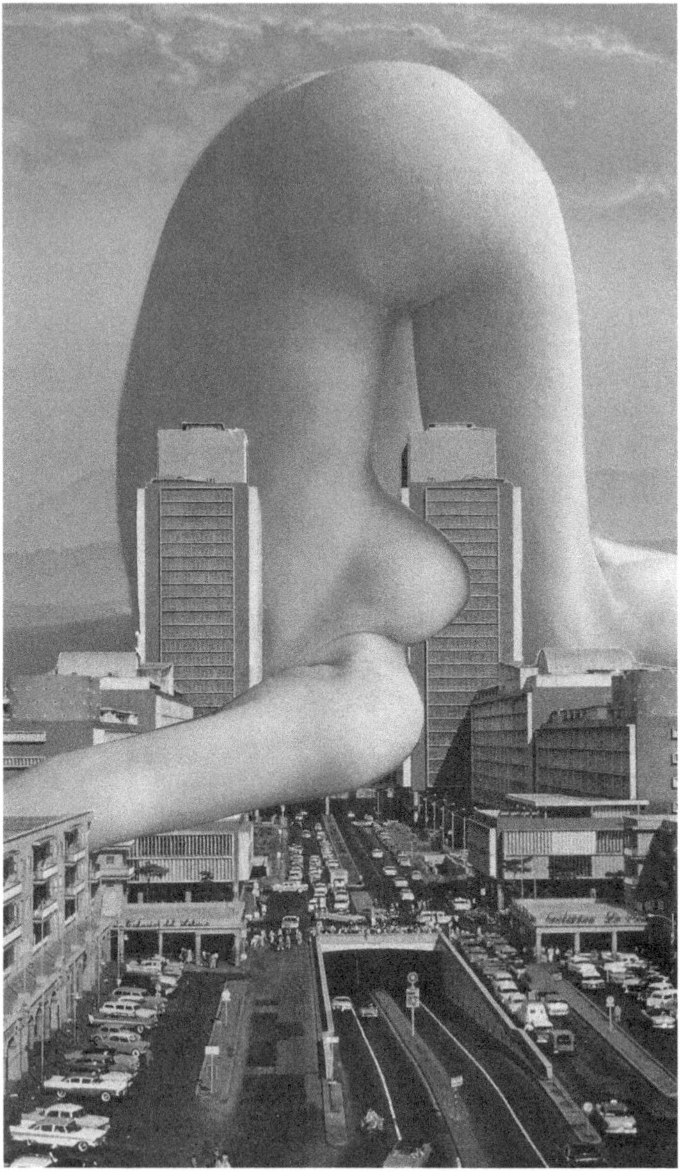

Godzilla mit Brust? Auch dieses Bild, vom mexikanischen Künstler Andrés Gamiochipi, unterläuft den Algorithmus von Instagram, der sonst weiblich anmutende Brüste löscht.

> Mit der vereinten Kraft unserer skandalösen Körper sollten wir in der Lage sein, Erdbeben zu produzieren.
>
> JEN MCCREIGHT ZUM EXPERIMENT *BOOBQUAKE*

Was tun?

Wie wir unsere Nippel befreien

Holo ist VJ in einem Münchner Club. »Der Club legt viel Wert auf das visuelle Erlebnis, deswegen bespielen vier VJs vier Leinwände mit Visuals.« Holo hat ihren Platz immer vorne neben dem oder der DJ. »Da hast du immer Blick auf die Tanzfläche. Und da kannst du dann auch die Leute beobachten, wie die sich so benehmen.« Eines Nachts macht sich diese Gruppe Jungs auf der Tanzfläche breit und einer nach dem anderen zieht sein Shirt aus. »Das waren so typische Oben-ohne-Macker, die plötzlich wahnsinnig viel Platz brauchen und die ganze Tanzfläche okkupieren und alle anderen von dem vorderen Spot vertreiben. Das hat mich so aufgeregt.«

Was tun?

Holo kennt ähnliche Szenen aus dem Alltag. »Wenn ich irgendwo unterwegs bin und dann kommt mir so eine Horde Oben-ohne-Typen entgegen. Das finde ich einfach gemein. Und ich bin dann schon immer kurz davor, mir das T-Shirt auszuziehen. Aber ich weiß dann, dass ich mich einer Konfrontation aussetzen könnte. Und vor allem wenn ich allein unterwegs bin, trau ich mich das dann nicht, weil die meistens größer sind, stärker und mehr, und da hätte ich keine Chance, mich zu wehren.«

Ob in dem Club, in dem sie arbeitet, auch manchmal weiblich gelesene Menschen oben ohne sind, frage ich Holo. »Nur in der queeren Partyreihe des Clubs, da hab ich mal letztens wen gesehen«, sagt Holo. Oben-ohne-Typen sind häufiger. So auch in dieser Nacht. Was also machen? Zugucken und sich die ganze Nacht ärgern? Holo fasst einen Plan.

Ich begegne Holo auf dem Münchner *Slut Walk* 2023. Es ist heiß und sie hat wenig an, wie viele hier. Denn bei *Slut Walks* protestieren die Leute – viele leicht bekleidet, manche oben ohne, manche mit abgeklebten Nippeln – für sexuelle Selbstbestimmung und gegen *shaming* und ungefragte Sexualisierung. »Ich bin heute nicht oben ohne, weil ich dachte: Ne, heute hab ich keinen Bock. Manchmal hab ich Bock, dann mache ich es, manchmal nicht, das ist eine Stimmungssache. Ich mache das vor allem in Räumen, wo ich mich sicher fühle.« Sich in unserer aktuellen Situation obenrum ausziehen, ist für viele weiblich gelesene Menschen nicht einfach, selbst auf einer Demo, wo es dezidiert um sexuelle Selbstbestimmung geht. Einige tragen hier sogar »Free the Nipple«-Plakate.

Der *Slut Walk* ist nur ein Anlass von vielen, bei denen in den letzten Jahren Protest gegen das männliche Oben-ohne-Privileg ausgedrückt wird. An zahlreichen Orten weltweit versuchen Menschen, in dieser Sache Gleichberechtigung zu erstreiten. Manche mit Oben-ohne-Flashmobs und Demos. Manche mit Klagen vor Gerichten, weil sie wie Gabrielle Lebreton am Wasserspielplatz gleichbehandelt werden wollen, oder auch im Freibad oder im Hallenbad. Manche mit Online-Petitionen oder Kampagnen, die eine gleiche Brust für alle fordern. Und eben auch Prominente wie Madonna, Miley Cyrus oder Rihanna supporten Kampagnen wie »Free The Nipple«. Die junge Feministin Jen McCreight aus den USA veranstaltete vor wenigen Jahren das *Boobquake*: Der muslimische Kleriker Kasem Sedighi hatte in einer Teheraner Moschee erklärt, unzüchtig gekleidete Frauen würden Naturkatastrophen wie Erdbeben verursachen, woraufhin McCreight auf ihrem Blog Frauen bat, sich am 26. April 2010 so gewagt wie möglich zu kleiden und die »Superkraft ihrer Brüste« und »skandalösen Körper« zu testen. »Mit der vereinten Kraft unserer skandalösen Körper sollten wir in der Lage sein, Erdbeben zu produzieren. Wenn nicht, bin ich sicher, dass Sedighi eine rationale Erklärung liefern wird, warum die Erde nicht bebte.« Rund 200.000 Menschen beteiligten sich am *Boobquake,* und tatsächlich ereignete sich in Taiwan an diesem Tag ein Erdbeben, doch 13 bzw. 14 Stunden vor dem Event in den USA, und alles in allem waren die seismischen Bewegungen leicht unterdurchschnittlich. Doch bin ich wie Kleriker Sedighi überzeugt, dass unsere Brüste die Macht haben, die Verhältnisse zu erschüttern.

Das Oben-ohne-Privileg in Frage zu stellen, rüttelt an der geschlechtlichen Hierarchie, der geschlechtlichen Binarität an sich und damit an einer Grundsäule von Unterdrückung und rechten Weltbildern. Doch wie erreichen wir ein Ende des Oben-ohne-Privilegs? Wie machen wir das? Wollen wir die weiblich gelesene Brust entsexualisieren – und wenn ja, wie? Und bleibt die Erotik dann auf der Strecke, wenn der Busen banal wird? Oder wollen wir die männlich gelesene Brust sexualisieren – und wenn ja, wie? Und ist das dann Prüderie, wenn wir von Typen Verhüllung verlangen? Es scheint, als gäbe es nur zwei Möglichkeiten: Entweder wir ziehen uns alle aus oder wir ziehen uns alle an. Entweder der Monokini für die Frau oder der Mankini für den Mann. Entweder alle Brüste verhüllen oder alle schön verhüllt in Szene setzen: Liberté – Egalité – Dekolleté. Doch: Wie schnell gewöhnt sich eine Gesellschaft daran, dass Frauen oben ohne Fahrrad fahren, bouldern und grillen? Wie schützen wir in der Zwischenzeit, bis der Busen selbstbestimmt ist, die Person im Gedränge des Festivals oder dem Fitnessstudio vor Übergriffen? Kleiderordnungen müssen wir gemeinsam politisch aushandeln, hier sind einige erste Ansätze dafür.

Rechtliche Klarheit schaffen

Ein Schritt für eine gleiche Brust für alle wäre es, *rechtlich absolute Klarheit für Gleichberechtigung* zu schaffen. Das heißt, die momentan in vielen Regionen und Staaten bestehende unklare Rechtslage an Badeorten und in anderen öffentlichen Räumen zu beenden, also uneindeutige Hausordnungen und »Gummiparagraphen« zu überarbeiten. Es heißt auch, die ganz eindeutig diskriminierenden Regelungen auf den digitalen Plattformen zu beenden. So würde es keine Auslegung durch Gerichte, Polizei, Sicherheitsdienste, IT-Experten, Bademeister und sonstige selbsternannte Endbosse mehr geben, ob eine Kleidung »angemessen« ist oder ein nackter Körperteil »belästigend«, sondern es wäre juristisch für alle klar: Überall, wo eine nackte Männerbrust erlaubt ist, ist auch jede andere nackte Brust erlaubt. Das Problem ist nicht die nackte Brust, sondern dass wir die nackte Brust von Personen, die wir als Frauen betrachten, als sexuell bewerten und damit problematisieren. Deswegen sollten mindestens Gesetze und Verordnungen aufhören, das zu tun – vor allem in Ländern, die sich der Gleichberechtigung verschrieben haben.

So ähnlich fordert in Bezug auf die deutsche Rechtsordnung auch die Petition *Gleiche Brust für alle*, »dass bundesweit in Ergänzung zu Artikel 3 des Grundgesetzes sowie den lokalen Kleiderordnungen eine konkrete Regelung geschaffen wird, die die explizite Erlaubnis beinhaltet, dass alle Personen unabhängig vom Geschlecht sich gleichermaßen ohne Einschränkungen mit freiem Oberkörper bewegen dürfen«, sowie »die Abschaffung von diskriminierenden und verfassungswidrigen Polizeikontrollen auf Grundlage der § 183a StGB und § 118 OWiG« und die Unterbindung von Hausrechten, »die unterschiedliche Regelungen für Menschen mit runder und flacher Brust vorsehen«. Immerhin hat es die Bundesrepublik in den 70ern schon mal geschafft, ein Kleidungsstück, das nur (langhaarigen) *Männern* auferlegt war, nämlich das Haarnetz bei der Bundeswehr, wieder abzuschaffen – nach internationalem Spott für *»German Hair Force«* und einem »Orden wider den tierischen Ernst« für Verteidigungsminister Helmut Schmidt.

Ich frage Rechtsanwältin Leonie Thum, ob sich ein positives Urteil, sofern es bei ihrer Mandantin Gabrielle Lebreton ein solches gibt, auch auf Fälle an anderen Orten als einem Wasserspielplatz wie der Plansche anwenden ließe. Sie meint: »Die Implikationen für andere Situationen sind etwas fraglich. Weil der Badekontext und dass es dort üblich ist, dass Männer oben ohne sind, Grundlage der Entscheidung sein wird. Das ist an anderen Orten nicht unbedingt der Fall. Wenn männlich gelesene Personen auch üblicherweise *nicht oberkörperfrei* erscheinen dürfen und es auch als ungewöhnlich erachtet wird, wenn sie es doch tun, dann fehlt es schlicht und ergreifend an der Ungleichbehandlung. Wenn nur *manche* Männer das machen, ist die Frage: Wie viele sind es tatsächlich und wird das geduldet? Weil wenn das nur ein oder zwei Männer machen, zum Beispiel im Yogastudio, wäre es vermutlich so, dass es nicht als geduldet gelten würde und dementsprechend würde es an der Ungleichbehandlung fehlen, wenn es Frauen untersagt wird. In solchen Situationen ist eher die Lösung, ein milderes Mittel anzuwenden und allen anzuordnen, dass sie den Oberkörper bekleiden, das liegt für ein Yogastudio aber näher als für ein Freibad.«

Wir müssen als Gesellschaft also anfangen zu klären – und die Politik müsste dann rechtlich festlegen: Wann ist es ein Problem, dass wir weibliche Nippel canceln, und wann ist es ein Problem, dass wir männliche Nippel *nicht* canceln? An Orten, wo Baden und Sonnenbaden üblich ist oder aus anderen Gründen das Oberkörperfreisein sinnvoll, muss klar sein, dass alle das machen können. An Orten, wo das hingegen *unüblich* ist, könnten wir dann festlegen, dass es niemand machen darf. Das geschieht schon manchmal. Manche Kletterhallen hängen Schilder auf, die Shirts vorschreiben (das Personal dort macht aber häufig wenig, wenn sich Typen nicht dran halten). Manche Strandcafés schreiben Shirtpflicht vor. Und manche Touristenstädte wie Chioggia bei Venedig haben seit Kurzem ein Oben-ohne-*Verbot* auch für Männer ab 50 Metern Entfernung vom Strand, ähnlich die Städte Sorrento und Portofino, denn sie wollen keine Halbnackten in der Stadt oder in Supermärkten, so die Bürgermeister.

Natürlich ist *law and order* nicht die Lösung für alles und auch nicht an sich emanzipatorisch, doch sich auf Gesetze zu berufen muss ja nicht gleich heißen, sofort die Cops zu rufen. Gesetze können bei privaten und öffentlichen Aushandlungen helfen. Das zeigt sich auch auf der Liegewiese. Kurz nachdem die Stadt München im Sommer 2023 eindeutig geklärt hat, dass eine Badehose ausreichende Badekleidung für alle Geschlechter ist, begleite ich die junge Münchnerin Cora in ein Freibad. Ich habe sie auf dem *Slut Walk* kennengelernt. Während sie sich am Beckenrand obenrum auszieht, erzählt sie mir, dass sie extra nochmal die Badeordnung gelesen hat, damit sie die parat hat, falls Badepersonal oder Gäste sie ansprechen. Auch eine Aktivistin des Kollektivs *Gleiche Brust für alle* namens Yyuri erzählt in einem Radiointerview, wie zum Beispiel der generell liberalere Umgang mit Nacktheit in Ostdeutschland ihre westdeutsche Sozialisation in Sachen Nacktheit irritiert hat: »Die Tatsache, dass an unterschiedlichen Orten unterschiedliche Regeln gelten, die hat auf jeden Fall dazu geführt, dass ich das in Frage gestellt hab.«[1] Außerdem habe Yyuri schon sehr früh im Leben in einem Kinderbuch gelesen, alle Kinder hätten »die gleichen Rechte, unabhängig vom Geschlecht«, vor allem auch das habe ihre Einstellung zu »oben ohne« geprägt.

Gesetzlich verbriefte Ansprüche würden uns also dabei helfen, die neue Freiheit auszuprobieren, solange die Gesellschaft in ihrer Breite noch nicht (wieder) so weit ist, und würden auch den Privilegieninhabern klarmachen, dass die bisherige Tradition – zumindest auf dem Papier – nicht mehr gilt. Doch ehe wir eine solche rechtliche Klarheit haben, können wir schon weitere gesellschaftliche Schritte angehen. Das wäre eine Direkte Aktion: sich so zu verhalten, als wäre die Welt schon so, wie wir sie wollen.

Busen entskandalisieren und solidarisch sein

Wir können damit beginnen, die weibliche Brust zu *entskandalisieren* und von männlichen Brustinhabern *Solidarität einzufordern.* Das heißt, dass wir anfangen, uns zunächst des Oben-ohne-Privilegs bewusst zu werden, auch die Privilegierten, und uns dann aktiv entscheiden, es zu überwinden: also alle Brüste gleich zu behandeln und nicht mehr die einen zu *shamen* und die anderen zu banalisieren. Stattdessen handeln wir gesellschaftlich aus, wie wir unsere Kleiderordnung je nach *Kontext* anpassen: also nach Ort, Anlass, Beteiligten. Das lässt sich hier nicht beschreiben, weil es eben auf den Kontext ankommt, aber ein Maßstab sollte sein: Dort, wo nackte »Männerbrüste« üblich sind, akzeptieren wir auch nackte »Frauenbrüste«. Und dort, wo nackte Brüste generell absolut unnötig sind oder »Frauenbrüste« aktuell absolut abgelehnt würden, beispielsweise im Supermarkt oder in der Fußgängerzone, fordern wir auch Männer auf, ihre Brüste zu bedecken. Ist das prüde?

Ja, das ist so prüde wie der aktuelle Zustand, in dem wir das Verhüllen nur von Frauen verlangen. Nicht mehr und nicht weniger. Es ist nur gerechter als die bisherige Praxis. Prüde ist, dass wir Nacktheit sexualisieren – auch wenn es nur um die eine Hälfte der Menschheit geht. Sollten wir uns in Zukunft durch das *Ent*skandalisieren der weiblich gelesenen Brust auch diese am Tiefkühlregal im Supermarkt vorstellen können, können ja auch Typen wieder oben ohne die Fischstäbchen aus dem Regal ziehen. Das Ziel ist: aus einem Oben-ohne-*Privileg* für die Hälfte der Menschheit ein Oben-ohne-*Recht* für die ganze Menschheit machen.

Wen eine nackte Frauenbrust also stört, der gucke zunächst, ob er selber ein Shirt anhat und ob ihn oder sie in der gleichen Situation auch Männer ohne Shirt stören. Wo eine Frau oben ohne mit hoher Wahrscheinlichkeit Aufsehen erregen würde, können wir Solidarität von denen fordern, die dort einfach oberkörperfrei rumlaufen können. Denn »oben ohne« ist nicht immer notwendig. Ein Freund von mir hat sich mehrfach beim Fußballspielen im Park geweigert, das Shirt auszuziehen, als es hieß, dass sich so die zwei Mannschaften besser unterscheiden ließen. Das könnten Frauen auf dem Fußballplatz auch nicht, meinte er und schlug vor, die Gruppe in helle und dunkle Shirts aufzuteilen. Ging auch, *mindblow*. Fast überall im Freien den Oberkörper entblößen zu können, ohne dabei *generell* sexuell gelesen zu werden – Ausnahmen gibt es immer –, demonstriert Überlegenheit und es gibt für die Privilegierten die Wahl, diese Machtgeste an jeder Ecke zu zelebrieren oder nicht.

Ist das nun aber ein Rückschritt? Büßen wir an Liberalität ein, wenn wir nun auch Männerbrüste verhüllen? Gegenfrage: Ist es liberal, wenn die eine Hälfte der Menschheit sich entblößen darf, während die andere verhüllt sein muss? Freiheit muss die Freiheit aller meinen, sonst handelt es sich um Hierarchie. Ein Oben-ohne-Privileg *verfestigt* die Geschlechterhierarchie und *skandalisiert* Nacktheit. In beiderlei Hinsicht ist es also das Gegenteil von Liberalität.

Was aber machen wir nun mit den nackten, schwitzenden, feiernden Typen oben ohne auf der Tanzfläche im engen Club? Ist es spaßfeindlich, sie zum Anziehen aufzufordern? Ist das mal wieder typisch *feminist killjoy*? In einer idealen Welt, in einer befreiten Gesellschaft wäre ein einzelner Typ oben ohne (oder auch nackt) im Club nicht der Rede wert, weil es kein Ausdruck von Macht wäre, sondern von einer momentanen Laune oder Exzentrik. Diese würden potentiell allen zustehen und vielleicht würde im gleichen Moment im Club nebenan eine Person mit weiblich gelesener Brust oben ohne (oder nackt) tanzen. Aber im aktuellen Zustand ist der Oben-ohne-Typ ein Machtsymbol und damit ein Problem für den Weg zu unser aller Befreiung. Was also tun?

Holo steht im Münchner Club Harry Klein hinter dem DJ-Pult und hat keinen Bock, sich die ganze Nacht anzugucken, wie unter ihr die Oben-ohne-Typen zu ihren Visuals tanzen. Sie fasst einen Entschluss. »Es hat mich irgendwann so aufgeregt, dass ich ein schwarzes Video gezeigt hab – mit nur einem Schriftzug: ›No shirt, no visuals.‹«

Ähnliche Ansagen kennen einige, auf manchen Festivals heißt es beispielsweise »No shirt, no service«. Doch merken die Typen auf der Tanzfläche das überhaupt? Wie ging es mit Holo weiter? Was sagen die anderen im Club oder der DJ?

»Das haben viele der Oben-ohne-Typen erst nach ein paar Minuten gemerkt oder manche Typen auch gar nicht, bis sie von einer weiblich gelesenen Person angetippt wurden: ›Hey, guck mal auf die Leinwand, da läuft kein Bild, wegen dir! – Wegen mir? – Genau!‹ Und dann haben sie sich wieder angezogen.« Holo kann entspannt weiter ihre Visuals machen.

Ein anderes Mal, erzählt Holo, geht sie privat tanzen. Wieder ziehen sich Typen aus. »Und mich haben diese Oben-ohne-Macker wieder genervt, es war nämlich ein super Abend.

Und dann bin ich hin, ich war betrunken genug, und hab mein T-Shirt hochgezogen und die Typen so lange oben ohne angetanzt, bis sie es gecheckt haben.« Haben die denn verstanden, was sie meint, frage ich. *»Ich hab die angetippt und dann haben sie erst so missmutig geguckt und irgendwann haben sie es gecheckt.«* Später in der Nacht hätten sich dann auch Typen oben ohne neben den DJ gestellt, erzählt sie. *»Und dann hab ich mich auch hochgestellt neben den DJ und mein T-Shirt hochgezogen. Und alle Frauen, die vor mir getanzt haben, haben es gefeiert. Und dann hat eine nach der anderen auch ihr Oberteil ausgezogen, manche haben ihren BH angelassen. Das war großartig. Das war eine starke Solidarität und eine Kampfbereitschaft.«* Haben die Typen sich angezogen oder fanden die das einfach toll, lauter Frauen oben ohne? *»Ich hab die Typen so lange aufdringlich angetanzt, dass sie es dann gelassen haben. Und ich bin dann später zum DJ und hab gemeint, ob das in Ordnung für ihn war, und er hat es auch gefeiert. Er meinte, das war super, diesen testosterongesteuerten Jungs muss auch mal was entgegengehalten werden.«*

So die Lösung von Holo in *diesem* Fall – und natürlich ist das nur eine Teillösung gegen Mackergebahren und beendet dieses nicht in seiner Gänze. Es kann aber auch im Nachtleben eine ähnliche und doch *andere* Situation geben. Sagen wir, es ist eine schwule Partyreihe, zu der aber mittlerweile auch weibliche und heterosexuelle Allys kommen, was häufig der Fall ist. Die Akzeptanz nackter Oberkörper ist in der schwulen Partyszene historisch gewachsen. Sollen wir nun den nackten Typen auf der queeren Party, nur weil die Gesellschaft draußen sich nicht verändert, aber die schwule Szene sich geöffnet hat, vorschreiben, sich zu verhüllen? Oder ist auf der schwulen Party, wo traditionell keine Frauen waren, »oben ohne« von daher weniger ein Machtsymbol? Und würde es Frauen unter mehrheitlich schwulen Männern vielleicht leichter fallen, sich obenrum auszuziehen, weil das mangels sexuellem Interesse von den wenigsten als Einladung gedeutet würde und falls eine andere lesbische Frau es so deuten würde, zu dieser wiederum kein Machtgefälle bestünde? Und würde sich die weiblich gelesene Frau auf der queeren Party vielleicht ohnehin sicherer fühlen, weil es in queeren Räumen mehr Awareness für Diskriminierung und weniger Machogebahren gibt? Es kommt also auf den Kontext an. Vielleicht würden wir hier eher zu dem Schluss kommen, dass *Oben-ohne-Freiheit für alle* statt *Oberteilpflicht für alle* der gangbare Weg ist. Auch die Größe einer Veranstaltung kann eine Rolle spielen. In einem kleinen Club, wo ich schneller mal das Gespräch suchen kann oder das Personal um Hilfe bitten, ist vielleicht das Recht auf »oben ohne« für alle sinnvoller als auf dem anonymen Festival mit 60.000 Leuten, wo Oberteilpflicht für alle praktikabler und sicherer ist. Das alles können wir diskutieren und ausprobieren. Und selbstverständlich müssen alle, auch weiblich gelesene Menschen, in jedem Fall immer einschätzen, ob sie mit ihrem nackten Oberkörper jemanden belästigen. In der vollen U-Bahn, im Kino oder im Hörsaal wollen viele von uns vielleicht nicht jemanden oben ohne neben sich haben. Und dass wir Kleidung auch dann tragen, wenn die Temperaturen Nacktheit zuließen, ist in vielen Fällen auch eine angenehme soziale Übereinkunft. Wir können mit Kleidung Werte ausdrücken und Gleichgesinnte finden, wir können uns damit auch einander vom Leib halten und ohne Hautkontakt in einer engen Großstadt miteinander leben. Nicht, weil wir bei Nacktheit sofort wild auf die anderen springen würden, sondern weil wir vielleicht nicht in ihren Körpersäften sitzen wollen.

Für die Nacht im Club jedenfalls hat Holo eine Lösung gefunden, die allen passabel erschien. Sie macht – wie viele andere – erste Schritte in Sachen gleiche Brust für alle. Sie wehrt sich im Kleinen auf ihrer Arbeit und im Großen auf

Demos. »Ich habe einen Entschluss gefasst«, schreibt auch *Spiegel*-Journalistin Lisa Maucher. »Wenn es das nächste Mal warm ist und die Männer ihre T-Shirts ausziehen, mache ich mit. Weil ich es möchte. Und weil ich mir nicht mehr vorschreiben lassen will, was ich trage. Ich bin gespannt, ob andere Frauen es mir nachtun werden.«[2] Werden es viele sein, die sich in den kommenden Jahren und Jahrzehnten wie Holo, Maucher oder Lebreton gegen das Oben-ohne-Privileg wehren? Es ist schwer, den Anfang zu machen, solange wir damit Übergriffe riskieren und als »Metzgereiauslage« oder »exhibitionistisch« gelten. Und es stellt sich die ganz prinzipielle Frage: Ist es überhaupt möglich, die Brust zu entsexualisieren – und wenn ja, wäre das nicht bedauerlich?

Sexualisierung und Erotik unterscheiden

Wer einen nackten Busen in einem alltäglichen, banalen, also *un*erotischen Kontext erblickt, wie im Park, im Freibad oder im Hallenbad, muss zunächst davon ausgehen, dass das keine Einladung zum lüsternen Starren ist. Sollte die nackte Person anderes intendieren, also flirten wollen oder sexuelle Absichten haben, kann sie das ja ihrem Handtuchnachbarn oder ihrer Handtuchnachbarin mit Blicken, Gesten und Worten signalisieren. Von mir aus kann sie ihnen auch einen Brief schreiben. Ihre nackte Brust aber ist kein erotischer Ausdruck. Keine Einladung. Das ist sie ja auch nicht bei Topless-Andi in der Boulderhalle. Wichtig beim Aufblitzen eines nackten Busens ist also: nicht glotzen, nicht belästigen, nicht als Aufforderung verstehen. Wer seinen erregten oder empörten Blick trotzdem auf Dauer nicht kontrollieren kann oder will, wie es immer wieder Beschwerden über Lehrer beim Anblick sommerlich bekleideter Schülerinnen nahelegen, sollte beginnen, seinen sexualisierten Blick zu reflektieren, sich mit anderen zu besprechen oder sich professionellen Rat zu suchen. Wer Lehrer wird, entscheidet sich, mit Menschen zu tun zu haben, nicht mit Akten, Schrauben und Computern. Und zwar mit Menschen, von denen einige im Laufe der jahrelangen Zusammenarbeit Brüste kriegen. Wer das nicht aushält, muss sich einen anderen Job suchen – und fachliche Hilfe, wenn er bei Minderjährigen sexuelle Gelüste hat, die er nicht kontrollieren kann. Nicht Nacktheit ist das Problem, sondern der sexualisierende Blick darauf. Nicht unsere Brüste gucken die Betrachter an, sondern die Betrachter unsere Brüste. Und diese Betrachter können aktiv daran arbeiten, ihrer Erregung nur im Falle von Konsens Ausdruck zu verleihen und sie ansonsten für sich zu behalten. Das geht. Die Vorstellung, gerade Männer hätten sich nicht im Griff, sondern seien animalische, triebgesteuerte Wesen, ist ein Mythos und trägt dazu bei, Täter von sexualisierter Gewalt zu entschuldigen und diese Gewaltform zu befördern. Das heißt, wir können einen nackten Busen einer anderen Person schon sexuell und sexy finden, es gibt uns aber kein Recht, sie damit zu behelligen, sofern sie uns nicht auf andere Weise dazu einlädt. So viel zum Konsens beim Sexualisieren.

Davon abgesehen stellt sich die Frage: *Geht* es überhaupt, die weibliche Brust zu *ent*sexualisieren? Und was hätte das zur Folge? Wird dann eine weibliche Brust nie wieder für eine andere Person erotisch sein? Geht also mit dem Recht auf »oben ohne« die Erotik verloren?

Was eine Person an einer anderen sexuell anregend findet, ist individuell und kann sich auch innerhalb der Lebensspanne ein und derselben Person wandeln. Wir können den Kleiderstil einer Person sexy finden, ihre Social-Media-Posts, ihren Geruch, ihre politischen Ansichten, ihre Art der Behaarung, ihren Humor, ihre Skills, ihren Charakter, ihren Nacken, ihre Tattoos, ihre Brust, ihre Ausdrucksweise, ihren Dialekt (Wienerisch!), ihre Füße, ihre künstlerischen Fähigkeiten, ihren Mut, ihre Sanftmut, ihre Fitness, ihre Widerspenstigkeit, ihren Hintern, ihre Emoji-Verwendung, ihre Zugewandtheit, ihre Fürsorge, ihr Bücherregal, ihren Geschmack, ihre Spotify-Playlist, ihre Interpunktion; auf was wir stehen und auf was nicht, ist ein komplexes Zusammenspiel, das durch unsere Sozialisation geprägt ist, erklärt Soziologin und Geschlechterforscherin Paula-Irene Villa Braslavsky: »Unsere physischen Reaktionen im Kontext von Sexualität sind eigensinnig, aber nicht unabhängig von Erfahrung, von Bildern, Normen, Sozialisation. Mein Bild davon ist immer das von Fäden: Wir haben Fäden, die stammen aus Büchern, Serien, Werbung oder was wir in Zeitungen lesen und so weiter. Und das verwebt sich zu einem je einzigartigen Gewebe. Vielleicht mehr noch als Fäden können wir uns das vorstellen als Farben, die ineinanderfließen, wo wir später gar nicht mehr voneinander trennen können, was woher kam.«[3] Aufgrund unserer kulturellen Prägung und Bildästhetik, wie wir im vorangegangenen Kapitel gesehen haben, spielen aber Frauenbrüste in den letzten Jahrhunderten in der Sexualität vieler Menschen in unserem Kulturraum eine große Rolle. Nur heißt das nicht, dass *eine* konkrete Person auf *alle* weiblich gelesenen Brüste an einem Badesee oder in einem Schwimmbad steht. Nicht jede Brust ist für alle sexy. Auch eine konkrete, sagen wir, heterosexuelle Frau steht ja nicht auf *alle* Typen im Park, unabhängig davon, ob sie auf ihrem Shirt »AnnenMayKantereit« oder »Andreas Gabalier« stehen haben. Und so stehen auch andere konkrete Personen nicht auf *alle* Brüste, sondern nur auf bestimmte – und das werden sie auch weiterhin tun, unabhängig davon, ob die Brust (und Person) ihres Geschmacks nackt ist oder angezogen, und unabhängig davon, ob generell viele Brüste nackt sind.

Die Sorge, auch mancher Intellektueller, wie wir noch

sehen werden, ein Recht auf »oben ohne« für alle würde *jeder* weiblichen Brust die Erotik nehmen, ist absurd. Wir können nicht dem nackten Busen per se die Erotik nehmen, weil gar nicht alle nackten Busen von allen per se für erotisch gehalten werden (außer vielleicht von Teenagern in US-Filmen). Ja, viele von uns – auch ich – finden aktuell den Anblick nackter Frauenbrüste interessant. Auch ich gucke aktuell oft. Wir sind diesen Anblick ja auch nicht gewöhnt. Er fällt aus dem Rahmen. Es ist rar in unserer sonstigen Cancel Culture für weiblich gelesene Brüste. Ich gucke also, weil ich neugierig bin, nicht, weil ich jede Brust erotisch fände. Ich würde auch gucken, wenn jemand mit einem Zylinder aus dem Wasser steigt oder mit einem Autoreifen um die Taille. Und auch komplett nackte Körper finden viele von uns aktuell interessant, wenn sie mal am FKK oder in der Sauna sind, weil wir sie so selten sehen. Aber wir finden ja dort nicht *alle* Menschen sexy, weil sie nackt sind. Und selbst wenn wir in der Sauna eine weiblich gelesene Brust ansprechend finden, fallen wir nicht unmittelbar über sie her. Da ist die Konsenssache, eh, aber der nackte und in der Sauna in der Regel schweigende Körper, gibt ja auch viel zu wenig Information über die Person her. Ich kann nur anhand von Körperhaltung, Form, Frisur, eingeschränktem Verhalten, Behaarung und gegebenenfalls Tattoos mutmaßen, ob ich die Person über die Brüste hinaus begehrenswert finde. Der nackte Körper sagt viel weniger über eine Person aus, als wenn sie angezogen ist, und die meisten von uns stehen doch eher auf konkrete *Typen* als auf leere Hüllen. Als Dating-Ort hat die Sauna deswegen nicht *too much information*, sondern *too little information.* Begehren beginnt in der Regel in Situationen, in denen wir (mehr oder weniger interessant) gekleidet sind: Bars, Büros, Bumble. Gerade Verhüllung ist ja oft erotisch, denn es drückt einen individuellen Stil aus und lässt Raum für Phantasie. Deswegen kommt Angezogensein meist mit dem Angezogensein. Selten hören wir, ein Pärchen hätte sich in der Sauna kennengelernt.

Hinzukommt: Die gleiche nackte Brust kann sich bei einer Berührung durch die Gynäkologin für beide Beteiligten banal anfühlen, eine Stunde vorher im Bett bei der Berührung durch die Partnerin elektrisierend. Die Brust einer Wasserleiche im *Tatort* ist weniger erotisch als die Brust der Sekretärin im Porno. Und dass ein *unbekannter* nackter Körper wirklich nur durch den Anblick sexuelle Gefühle und Handlungen auslöst, ist vor allem in erklärt sexuellen Räumen üblich, auf Sexpartys, Sex-Plattformen oder bei Sex-Filmen. Und selbst dort suchen wir durch Blicke oder Klicken *bestimmte* Körper, *bestimmte* Vorlieben, *bestimmte* Looks. Denn selbst in einer sexuellen Umgebung stehen nicht alle Menschen auf alle Körper (und alle Brüste).

Erotik entsteht (ob mit oder ohne Oberteil) durch Kontext: durch Ort, Stimmung, Vorlieben – und idealerweise gegenseitige Hinweise. Es wäre an mir vorübergegangen, wenn sich die erotische Ausstrahlung von Männern erledigt hätte, seit vor rund hundert Jahren einige von ihnen erfolgreich durchsetzten, sich in der Öffentlichkeit obenrum ausziehen zu dürfen.

Die Angst, nackte Nippel könnten die Erotik hopsgehen lassen, ist also unbegründet. Und selbst wenn es so wäre: Brüsteinhaberinnen sind nicht dazu da, sexuell reizvoll zu sein – als sei unser Anblick der Sinn unseres Daseins in der Gemeinschaft –, wie Autorin Laura Wiesböck 2019 treffend schreibt: »Es ist nicht Aufgabe der Hälfte der Bevölkerung, ein Körperteil zu verstecken, damit der Anblick für die andere Hälfte sexy bleibt.«[4] Doch die Gefahr besteht ohnehin nicht. Im richtigen Ambiente, Licht und Moment werden Lippen, Brüste, Nacken, Pos, Füße oder Augen weiter sinnlich bleiben – auch wenn die Badebrust banal wird. Wie aber wird sie das? Und wie lange dauert sowas?

Experimentieren und gewöhnen

Natürlich wird das Entskandalisieren der weiblichen Brust, also sich nicht mehr über sie zu empören, und ihre Entsexualisierung, also sie nicht mehr per se in jedem Kontext sexuell aufzuladen, nicht von heute auf morgen geschehen. »Normen entstehen durch Handeln. Wenn wir etwas immer wieder machen, reproduzieren wir die Normen auch«, sagt Esto Mader zur Oben-ohne-Debatte in Freibädern. Mader arbeitet im Bereich Geschlechterforschung und lehrt an der Uni Potsdam. »Sobald etwas sich ändert, irritiert das, führt zu Reibung und gesellschaftlichen Aushandlungen.« In den letzten Jahren hat sich wenig geändert, es gibt viele Proteste, aber bis auf ein paar kommunale Badeordnungen in einigen europäischen Großstädten scheint es eher wie der Kampf gegen Windmühlen; doch es komme auf das zeitliche Verhältnis an, sagt Mader. »Wenn ich mir überlege, wie die Normen gerade in Bezug auf die Geschlechterordnung zum Beispiel in den 1950er Jahren ausgesehen haben und wie sie heute aussehen, dann sehe ich natürlich gesellschaftliche Prozesse, dann hat sich da natürlich etwas geändert.« Scham wird nicht von heute auf morgen weggehen oder komplett sterben, sagt auch Schamforscherin Laura Späth. »Sie darf schon da sein, aber sie darf halt das Leben und das Denken und das Handeln nicht komplett bestimmen. (...) Solange sie nur hier daneben chillt, ist das in Ordnung.« Wie schnell sich dennoch das Schamempfinden, der eigene Blick und das Interesse an Nacktheit ändern können, können wir in der Sauna oder am FKK-Strand beobachten. Wer lange nicht oder noch nie da war, guckt beim ersten Besuch alle Körper akribisch an. Ich auch. Aber spätestens nach einer Stunde in der Sauna widmen sich die meisten dann doch ihrer Gesichtsmaske, oder ihrem Roman. »Es ist eine Sache der Gewöhnung«, sagt Holo aus München. Sie war gerade auf einem Festival. »Das war in Spanien und es war sehr, sehr heiß. Und irgendwann liefen wir dann alle nackt rum. Irgendwann merkst du das gar nicht mehr und du läufst auch nackt rum und es ist das Normalste der Welt. Und die Leute glotzen auch nicht mehr.« Die Hochphase der Oben-ohne-Kultur in den 70ern und 80ern zeigt, dass es ab dem Monokini von 1964 rund ein bis zwei Jahrzehnte gedauert hat, bis sich die Moralvorstellungen im Großteil der Gesellschaft hier gewandelt haben. Von solchen ein bis zwei Jahrzehnten haben wir angesichts von Kampagnen wie »Free The Nipple«, juristischen Klagen, Protestaktionen und Erneuerungen kommunaler Badeverordnungen schon gut fünf bis zehn Jahre hinter uns. Es ist aber natürlich nicht gesagt, dass die Forderung nach der gleichen Brust für alle bestehen bleibt und rechte Stimmen sie nicht übertönen und delegitimieren, wie es in den 90ern schon mal passiert ist.

Die Studie des Soziologen Kaufmann an französischen Stränden jedenfalls zeigt, dass es ermutigt, andere »oben ohne« zu sehen. »Wenn man, anders als die anderen, ganz allein ist, wird man angeschaut«, sagt ihm eine Frau. »Die Vervielfachung nackter Busen hingegen mindert den Druck«, schreibt Kaufmann. »Weil es normal wird, sehen es die Blicke nicht mehr, und weil es die Blicke nicht mehr sehen, wird es normal, Oben-ohne zu praktizieren.«[5] Dabei seien gerade *ungewöhnliche* Brüste wichtig. »Weil das Normale lediglich zu einem ruhenden Blick auffordert, der die gewohnten Schemata bestätigen soll, das Anormale hingegen ruft zu etwas ganz anderem auf: es erfordert eine ganz erhebliche Anstrengung. Denn jede Anomalität stellt die Definition der Norm, die das Zentrum der Konstruktion von Wirklichkeitsbildern ist, in Frage. Sie bringt einen dazu, das Ungewöhnliche zu sehen und zu denken, seinen Platz im Verhältnis zum Normalen zu definieren und zu entscheiden, ob man die früheren Kategorisierungen beibehält oder eine Veränderung der Spielregeln akzeptiert. (…) Die Anziehungskraft des Nackten ist keine anthropologische Konstante.«

Es ist also auch laut Kaufmann alles im Wandel, trotzdem haben die Wenigsten Geduld, »anthropologische« Entwicklungen abzuwarten. Manche wollen vielleicht noch zu ihren Lebzeiten mal oben ohne sein, ohne einen Platzverweis fürchten zu müssen. Was also tun? Wir wollen nicht ewig auf Gleichberechtigung warten.

Auf dem Weg zur Abschaffung des Oben-ohne-Privilegs können uns *Experimentierfelder* dienen: neue Kleidungsstücke oder auch Räume und Zeiträume, in denen weiblich gelesene und queere Menschen das Oben-ohne-Gehen *gefahrloser* einüben können. Fangen wir mit Letzterem an. Holo schlägt vor, bei den zuständigen Behörden zu beantragen, dass Frauen *einen Sonntag im Monat* in der Innenstadt oben ohne rumlaufen können, ohne Sorge vor Eingriffen von Ordnungsdiensten. »Das wäre so schrittweise, man muss die Leute ja langsam an etwas ranführen.« Eine andere Idee ist, an Badeorten vorübergehend *mehrere Bereiche* einzuführen: einen gewöhnlichen Bereich wie bisher, wo das Oben-ohne-Privileg noch gilt, und daneben einen Bereich, wo alle Geschlechter nur Badehose tragen (und gegebenenfalls daneben noch einen Bereich für FKK). Möglich sind auch Öffnungszeiten für Freibäder, Hallenbäder und Strände, wo Frauen und queere Menschen *unter sich* oben ohne sein können (ähnlich wie Damensauna oder Schwimmzeiten für queere Menschen, die es jetzt schon gibt). Das wäre sogar dann noch sinnvoll, wenn es bereits überall rechtlich erlaubt wäre, denn es wären geschützte Räume, wo wir uns langsam an die Praxis gewöhnen können. Ähnlich wie in Frauenzentren und queeren Räumen würden wir an diesen Orten zunächst unter uns die neue Verhaltensweise einüben, um sie später empowert auch in der Öffentlichkeit auszuüben.

Ein anderes Experimentierfeld sind neue Kleidungsstücke. Statt oder neben dem Monokini für die Dame käme der schon erwähnte *Mankini* für den Herren: Badehose plus Bustier. Bei diesem Vorschlag ruft der *NZZ*-lesende Wutbürger im Brioni-Anzug jetzt: »Cancel Culture! Jetzt wollen sie uns an die Brüste. Was wird als Nächstes verhüllt? Mein Bücherregal, mein Auto, das Abendland?« Dabei ist es natürlich gleichermaßen *gendergaga*, die Brüste von Jungs zu verhüllen, wie die Brüste von Mädchen zu verhüllen. Und es wäre genauso absurd, wenn Jugendliche »OMG Nipplegate« tuscheln, wenn dem Sportlehrer im Schwimmunterricht der Stoff verrutscht, wie wenn das der Sportlehrerin passiert. Der Mankini – oder auch ein Unisex-Modell für alle Geschlechter – würde auf angenehme Art Denkmuster sprengen. Insbesondere falls wir Männerbrüste nicht nur verhüllen, sondern sie wie Frauenbrüste auch verzieren: mit Stoffen, Schnitten, Farben, von mir aus auch Polstern und Körbchen. Rundungen haben, wie erwähnt, auch kiffende, dicke und sportliche Männer – und on top alternde Männer: Testosteron wird zu Östradiol und spätestens da wird die Sache rund. Vermutlich ist das der heimliche Grund für die Attraktivität älterer Männer, nicht die grauen Schläfen oder das Geld, sondern die gewölbte Brust! Mit dem *Mankini* könnten Männer überall, wo »oben ohne« für Frauen schwer möglich ist, diese Diskrepanz abmildern. Manche würden damit ihrer Sehnsucht nach Gleichberechtigung Ausdruck verleihen. Manche wären vielleicht einfach froh, ihre Brust zu verdecken. Manche fänden es einfach praktisch, ihr Shirt auf der Yogamatte ausziehen zu können, ohne nackter zu sein als die Frau im engen Bustier auf der Yogamatte neben ihnen. Bisher lassen Männer uns und unsere Brüste hängen. Dabei könnten sie sich Mühe geben, indem sie ihre etwas pimpen. Dann würden auch sie mal stundenlang im Kaufhaus Bustiers probieren, bis eins richtig sitzt. Dann würden sie endlich mal den Unterschied zwischen Brustumfang und Körbchengröße verstehen. Dann würden auch sie lernen, dass 80 Prozent von ihnen die falsche Größe tragen. Und dann würde die neue Bademode und Sportmode vielleicht auch eine neue Männermode generell inspirieren: zarte Stoffe, luftige Sommerkleider, kurze Röcke und reizvolle Dessous wären dann irgendwann vielleicht nicht mehr nur einer Hälfte der Menschheit möglich. Seriously: Mit einer *gleichen Brust für alle* würden wir alle mehr Freiheit gewinnen als nur obenrum.

Sexualisierte Algorithmen und Gewalt bekämpfen

Doch bevor es so weit ist, bevor wir eine gleiche Brust für alle haben, müssen wir vor allem ein Thema diskutieren. Wie schützen wir in der Zwischenzeit, bis wir »oben ohne für alle« überall etabliert haben, weiblich gelesene Menschen mit nackten Brüsten vor Übergriffen? Gewalt gegen Frauen und queere Menschen ist ja jetzt schon ein Problem und wir brauchen gegen diese Gewalt ohnehin mehr Aufklärung, Kampagnen, Schutzräume, finanzielle Mittel und geschultes Personal. Und gerade das Verhüllen des weiblichen Körpers verfestigt die Unterordnung der Frau und die Vorstellung, sie könne nicht selber über ihren Körper verfügen, und befördert so Gewalt. *Oben ohne für alle* würde also die Gesellschaft egalisieren, wie es die *Ehe für alle* tut oder es *Equal Pay für alle* täte. Dennoch müssen wir uns überlegen, wie wir weiblich gelesenen Menschen so viel Schutz und Aufklärung gewährleisten, dass sie sich trauen können, sich wie die Typen obenrum auszuziehen, wenn sie das wollen. »Wir brauchen generell mehr Sensibilisierungsprogramme und Erziehung zum Konsens«, sagt Demoteilnehmerin Ida auf dem *Slut Walk*. »Wir brauchen mehr öffentliche Stimmen gegen rechte Erzählungen, viel mehr Aufklärung in Schulen und Kindergärten – das fängt ja schon früh an, dass Jungs nicht weinen dürfen, keine Verletzlichkeit zeigen dürfen. Wir müssen dafür sorgen, dass das gar nicht erst aufkommt.« Hinzu kommt vor allem bei jungen Menschen: Wie schützen wir Frauen und Mädchen, sofern es auf Instagram und Co. zu einer rechtlichen und von den Algorithmen angewandten Gleichstellung käme, davor, sich nur aus Gruppenzwang oben ohne zu zeigen? Aktuell werden Bilder nackter Haut, vor allem von Frauen (natürlich nur bei nicht *zu* nackter Haut) vom Algorithmus auf Instagram besonders hoch im Newsfeed der User gerankt.[6] Instagram bestreitet das, aber die Organisationen »Algorithm Watch« und »European Data Journalism Network« belegten das 2020 mit einer Studie. Der deutsche Jugendschutzbund sagt zum Thema »oben ohne« auf den digitalen Plattformen: »Die Darstellung einer nackten Brust stellt nicht per se eine Entwicklungsbeeinträchtigung und/oder Jugendgefährdung dar. Mit der Verbreitung von Nacktbildern können jedoch – je nach Kontext – Risiken wie beispielsweise Cybergrooming, Pornografie, Unsittlichkeit, (missbräuchliches) Sexting oder überzeichnete Geschlechterrollen einhergehen.«[7] Um Jugendschutzrichtlinien zu entsprechen, so das Medienmagazin *ZAPP*, müssten die Plattformen eine Altersprüfung durchführen, was aber auch aktuell nicht gemacht wird, obwohl Instagram eine Nutzung erst ab 13 Jahren erlaubt. Ein höheres Alter und eine Altersprüfung würde Meta natürlich erhebliche Mehrkosten verursachen. Doch bei einer Reichweite von einer Milliarde Instagram-Usern, also jeder achten Person auf diesem Planeten, können wir verlangen, dass Meta Verantwortung übernimmt, seine sexistischen und sexualisierten Bewertungen und den *male gaze* der Mitarbeitenden abstellt, seine Algorithmen offenlegt und überarbeitet. Oder wir bringen Regierungen dazu, die Digitalunternehmen dazu zu verpflichten oder sie abzuschaffen. Jahrelang entwickelte Algorithmen neu zu trainieren und die Sexualisierung des weiblich gelesenen Körpers zu beenden, wird die Digitalunternehmen immens viel kosten. Kein Wunder, dass sie Grundrechte und die Empfehlungen der hauseigenen Aufsichtsgremien in Sachen Nippel ignorieren. Und sie sind nicht die Einzigen, die sich gegen »oben ohne für alle« wehren.

Wenn unsere Nippel sich aufstellen

Nicht nur ist ein Drittel bis die Hälfte der Befragten in der Bundesrepublik dagegen, dass alle Geschlechter in Schwimmbädern mit freiem Oberkörper baden dürfen. Auch für manche Geistesgröße ist »oben ohne für alle« eine Bedrohung. »Das Ergebnis ist nicht eine neue Freiheit, sondern die graue Realität, in der Sex vollkommen unterdrückt wird«, schreibt Philosoph Slavoj Žižek 2019 in der *NZZ*. »So fordern Feministinnen mittlerweile, dass wir aufhören sollten, die weibliche Brust zu fetischisieren. Ausgerechnet sie! Stattdessen sollte man die Brust als einen normalen Teil des Körpers ansehen. Für diesen Kampf der befreiten Nippel nehmen Frauen in größeren Städten sogar barbusig an Protestmärschen Teil. Das Ziel ist hier ganz offensichtlich die Ent-Erotisierung, ja die Re-Normalisierung des weiblichen Körpers. Wenn wir diese Denklogik weitertreiben, kommen wir zu einer neuen Forderung: Das sexuelle Objekt an sich soll entmystifiziert werden.«[8] So der in konservativen wie linken Kreisen gefeierte Autor Žižek. Für ihn ist der Sex in Gefahr, wenn wir den weiblichen Körper, vor allem unsere Brüste und Vulvas, entmystifizieren und »unsexy« machen, und Sex ist für ihn etwas »Erhabenes« (laut Žižek schließen sich auch Sex und Komik aus). Bücher über den weiblichen Körper wie Liv Strömquists Bestseller *Der Ursprung der Welt* über die Vulva sowie *Body-*

positivity-Kurse und »Muschi-Erkundungs-Workshops« erfreuten sich »großer Beliebtheit«, schreibt Žižek und fragt: »Ist das wirklich ein Fortschritt?«

Der weibliche Körper dient bei Žižek dem männlichen Blick, nicht der weiblichen Erkundung und Selbstbestimmung. Statt Aufklärung über den weiblichen Körper und Wohlbefinden durch *body positivity* und ein Ablegen von Scham soll der Frauenkörper bei Žižek »mystisch« bleiben. Denken wir Žižeks Ausführungen zu Ende, sollen Frauen und Mädchen ihre Körper also lieber *nicht* kennen und *nicht* mögen, sondern sie und sich einem höheren Ziel unterordnen: dem Sex. Žižek verteidigt die Tabuisierung des weiblichen Körpers, verteidigt *shaming*, indem er *body positivity* ablehnt, und verteidigt die – im doppelten Wortsinn – Verschleierung des weiblichen Körpers. Und er ignoriert, dass wir im Alltag, beispielsweise im Freibad, mit den umstehenden Personen in der Regel ja gerade keinen sexuellen Vibe haben wollen – und auch nicht wissen wollen, ob die anderen gerade sexuelle Wallungen haben. Doch Žižek zeichnet, üblich für Privilegierte, die sich bedroht sehen, einen Verlust. Er ist so schlau, nicht direkt vom Verlust der männlichen Vormachtstellung zu sprechen, dem Verlust an symbolischer und faktischer Macht und dem Verlust an Kontrolle. Stattdessen phantasiert er einen anderen Verlust herbei: den Verlust von Sex – nach Žižek wohl das Hauptinteresse des Feuilleton-Lesers. Dabei haben Frauen, die ihren Körper kennen und schätzen, natürlich besseren Sex (wie Menschen in feministischen Beziehungen laut Studien grundsätzlich[9]), vor allem aber haben sie ein allgemein besseres Leben, wenn sie gleichberechtigt sind. Doch schon die Debatte und die zögerlichen Bewegungen für eine oberkörperliche Gleichbehandlung der letzten Jahre stören die patriarchale Ordnung und ihre verunsicherten Vertreter. Dabei gibt es so viel zu gewinnen für uns alle.

Wenn wir die weiblich gelesene Brust entskandalisieren und entsexualisieren, gewinnen natürlich erstmal die unmittelbar *Betroffenen*, also weiblich gelesene Menschen. Sie können endlich, wenn sie das wollen, in gleichem Maße wie Typen oben ohne Rad fahren, schwimmen, grillen, fischen oder raven. Das ist die faktische Freiheit. Gleichzeitig gewinnen die Betroffenen an symbolischer Freiheit. Denn es wäre ein weiterer Schritt, Frauen nicht mehr als das dienende Geschlecht zu sehen, als Sexobjekt und Körper, sondern ihnen Subjektstatus zu gewähren. Oben ohne für alle heißt also: Wir befreien unsere Nippel – und unsere Nippel befreien uns. Gleichzeitig befreit jeder weitere Schritt Richtung Gleichberechtigung auch die bisher *Privilegierten*, also männlich gelesene Menschen. Je mehr Stereotype und Rollen wir aufbrechen, desto freier können auch sie entscheiden, wie sie leben. Ob sie ihre Körper feiern und in Szene setzen wollen, ob sie sanftmütige Gefühle zulassen, ob sie fürsorglich sein wollen. Ob sie besseren Sex haben wollen – oder jammern über den Verlust von Sex. Schließlich gewinnen aber mit einem »oben ohne für alle«-Gebot auch die bisher in der binären Badeordnung *nicht Vorgesehenen*, also queere Menschen. Es wäre ein weiterer Schritt, unsere binäre Kleiderordnung hinter uns zu lassen, in der sie sich bislang verstecken mussten oder beschämt und attackiert wurden. Oft sind es queere Menschen, die das Oben-ohne-Privileg in Frage stellten, wie 2016 ein trans Mann in Schweden, der erfolgreich vor Gericht erreichte, dass trans Männer oben ohne baden dürfen, worin die schwedische Kampagne *bara bröst* (was »nur eine Brust« und »blanke Brust« bedeutet) einen ersten Teilsieg sieht. Es ist eine Wechselwirkung: Nippelfreiheit befördert Queerness und Queerness befördert Nippelfreiheit.

Generell würden also mit »oben ohne für alle« auch alle an Freiheit gewinnen. »Ich sehe nicht ein, dass ich mich ständig gendern muss«, sagt Yyuri vom Kollektiv *Gleiche Brust für alle* und entscheidet sich immer wieder für »oben ohne«, so wie Gabrielle Lebreton, Holo und viele andere. »Oben ohne für alle« macht mehr als nur obenrum frei. Wer die Kleiderordnung stört, stört immer auch etwas die Gesellschaftsordnung. »Das Durchkreuzen – Queeren – der vermeintlich naturgegebenen hierarchisch verfassten Zweigeschlechtlichkeit durch die Gewissheit, dass es mehr als nur zwei Geschlechter und viel mehr genüssliche Formen des Zusammenlebens als die angeblich einzig natürliche heterosexuelle Monogamie gibt, setzt im Zentrum der dichotomen Ordnung an und hebt deren (latent) zentrales Dogma aus den Angeln«, schreibt die Theologin und Autorin Ina Praetorius.[10] Indem wir eine der zentralen Binaritäten aufbrechen, die Geschlechterrollen, hinterfragen wir immer auch andere Hierarchien: zwischen vermeintlichen Subjekten und Objekten, zwischen Körper und Geist, zwischen Kontrollierten und Kontrollierenden, zwischen Unterdrückten und Unterdrückern, zwischen Versklavten und Herrschern, zwischen Kultur und Natur, zwischen Fürsorgearbeit und Erwerbsarbeit, zwischen kleinem Haushalt und großer Ökonomie.

In der jungen, intersektionalen feministischen Szene, die sich mit der Verschränkung dieser Unterdrückungsarten beschäftigt, sind *body politics* wieder ein großes Thema geworden. Es geht darin vor allem darum, Scham und Körperstigmata zu überwinden, die von Rassismus, Sexismus, Dickenfeindlichkeit, Behindertenfeindlichkeit oder Queerfeindlichkeit kommen. »Für Bewegungen wie *body positivity* spielt Nacktheit eine Rolle«, erklärt Historikerin Maren Möhring in der ARTE-Dokumentation *Hüllenlos – Die Geschichte der Nacktheit.*[11] »Es liegt daran, dass Nacktheit auf besondere Art und Weise den Körper sichtbar macht. Dann möchte ich natürlich, dass alle Menschen ihren Körper zeigen dürfen und dass der akzeptiert wird. Und Nacktheit ist da ein gutes Mittel, um genau das zu erreichen.« Künstlerin Charly Ann Max organisiert queere Anlässe, zu denen Menschen nackt sind, sie essen, tanzen, trinken, reden. »Nacktheit zu praktizieren hat mein Leben verändert«, sagt Max in der erwähnten ARTE-Doku. »Mein Weg dahin, mich selbst zu akzeptieren, war nicht einfach. Ich bin in einer Welt aufgewachsen, in der man auf eine bestimmte Art und Weise sein muss. Erst jetzt fange ich an, offener und freier zu sein. Ich fühlte mich vorher unglücklich wegen meines Aussehens.« Eine Teilnehmerin eines von Max' Events sagt: »Ich bin sehr religiös aufgewachsen, mein Körper gehörte nie mir selbst, sondern Gott. Alles war ›Sünde‹, ›Dein Körper gehört deinem Mann‹. Was passiert dann mit dir, wenn du queer bist? Ich bin queer und als Erwachsene möchte ich herausfinden, wie ich mich wirklich mit Nacktheit fühle. Um zu versuchen, die Scham auszulöschen und meinen Körper wieder selbst in Besitz zu nehmen.«

Schon in der Kindheit wird weiblich sozialisierten Menschen beigebracht, dass ihr Körper etwas Schamvolles ist. »Das ist eigentlich das Allerschlimmste daran – und ich finde, das sollte sich im Namen aller Generationen in Zukunft ändern«, sagt Yyuri.[12] »Viele finden ›oben ohne‹ unanständig, aber kein Körper ist an sich unanständig. Unanständig ist es, wenn Leute Grenzen überschreiten und andere Leute sexualisieren, ohne vorher zu fragen. Solche Dinge finde ich unanständig, aber ich finde es nicht unanständig, nackt zu sein. Die Leute können so denken, wenn sie mir nicht das Recht wegnehmen, mich frei zu entfalten.« Es gibt keinen rationalen Grund, manche Brüste zu sexualisieren, andere nicht – und niemand hat uns im Freibad, Hallenbad, Park oder Fitnessstudio gefragt, ob wir unsere Brüste sexualisiert haben möchten. Die Freiheit aller, ungestraft obenrum nackt zu sein, verschafft nicht nur jedem Tierchen sein Pläsierchen, sie ist Symbol unserer überfälligen Emanzipation. Ein Ende des Oben-ohne-Privilegs lässt die zweigeteilte Weltordnung weiter bröckeln. Eine Weltordnung, in der queere Menschen fehlen. Und eine Weltordnung, in der Frauen nur Heilige und Hure sein können, nur sorgend und sexy, nur Besen und Busen. Diese Weltordnung können wir mit einem *Oben-ohne-Recht für alle* erschüttern. Was Rosa Luxemburg vor rund hundert Jahren sagte, gilt nämlich nicht nur am Strand: »Eure ›Ordnung‹ ist auf Sand gebaut.«

Ende Dezember 2023. Drei Monate nach ihrem letzten Gerichtstermin bekommt Gabrielle Lebreton eine Nachricht des Kammergerichts Berlin: Das Land Berlin erkennt den Entschädigungsanspruch wegen Diskriminierung an. Das heißt aber, es erfolgt nur ein Anerkenntnisurteil, keine eigene Begründung des Gerichts, wie es sich Lebreton und ihre Anwältinnen erhofft haben. Lebreton erhält außerdem statt der geforderten 10.000 Euro nur 750 Euro Entschädigung und muss die Prozesskosten tragen. Bei der Bemessung der Entschädigung sei zu berücksichtigen, so das Gericht, dass sie »bewusst und gewollt in eine Konfrontation« getreten sei, um der Sexualisierung der weiblichen Brust entgegenzuwirken. Ihr Fall sei demnach anders als Fälle, bei »denen Bürger einer staatlichen Übermacht unvorhergesehen und unentrinnbar gegenüberstünden«. Das ist grotesk: Eine Person wehrt sich gegen diskriminierendes staatliches Handeln und die Höhe der Entschädigung wird gemindert, weil (!) sie sich gewehrt hat. Vor allem aber erfolgt damit kein Gerichtsurteil bezüglich der Diskriminierung. Das Gericht hat die Frage an die Politik ausgelagert und weitere Rechtsmittel dagegen sind nicht möglich. Gabrielle Lebreton hat trotzdem einiges erreicht. Das Land erkennt die Diskriminierung an. Außerdem steht seit kurz nach ihrem Vorfall in der Nutzungsordnung des Wasserspielplatzes, dass die Badebekleidung nur »die primären Geschlechtsorgane vollständig bedecken« muss. Und auch die Berliner Bäderbetriebe haben 2023 nach Intervention der Ombudsstelle, mit der Lebreton Kontakt aufnahm, entschieden, Frauen oben ohne schwimmen zu lassen, wenn diese das möchten. Vorher war eine Frau noch aus einem Berliner Freibad geworfen worden, 2023 seien viele Frauen oben ohne gewesen, sagt eine Sprecherin der Bäderbetriebe.[13] *Gabrielle Lebreton schreibt mir Ende Dezember 2023: »Ich bin zufrieden, aber so müde.« Sie hoffe, sie habe anderen Mut gemacht.*

Anmerkungen

Von Strand bis Social Media

1 *Weißen Feminismus canceln – Warum unser Feminismus feministischer werden muss*, Sibel Schick, Frankfurt am Main 2023, S. 33f.
2 *Brüste – Das Buch*, Paula Lambert und Helmut Ziegler (Hg.), Berlin 2012, S. 280
3 *Brüste – 9 Facts zu Boobs, Nippel und Brustwarzen*, in der Reihe: *Auf Klo*, funk 2020
4 *55 Prozent der Frauen sind gegen »Oben ohne« in öffentlichen Schwimmbädern*, Focus-Umfrage, 25. März 2023
5 *Zu sexy: Wie KI-Algorithmen Frauen benachteiligen können*, Katharina Brunner, Elisa Harlan, Shannon Reitmeir, Bayerischer Rundfunk, 8. Februar 2023
6 *So sexuell anzüglich findet mich eine KI*, Instagram-Kanal der News-WG, 8. Februar 2023
7 *Frauenkörper – Männerblicke. Soziologie des Oben-ohne*, Jean-Claude Kaufmann, Konstanz 1996, S. 103
8 Ebd., S. 65 und 70
9 Ebd., S. 81
10 Ebd., S. 83f.
11 Ebd., S. 157
12 Ebd., S. 125 und 127
13 Ebd., S. 62
14 Ebd., S. 132 und 128
15 *Vorurteile und Diskriminierung machen krank: Studie belegt Wirkung von Diskriminierungserfahrungen auf die Gesundheit*, IKK Classic 2021
16 *Weißen Feminismus canceln*, Sibel Schick, S. 35
17 *Frauenkörper – Männerblicke*, Jean-Claude Kaufmann, S. 108
18 *Ökonomin über Schönheit im Kapitalismus – Wider die Verwertungslogik*, Friederike Habermann im Gespräch mit Manuela Heim und Anja Krüger, taz, 8. März 2024
19 *Brust raus!*, Lisa Marie Peters, ZEIT Campus, 25. April 2021
20 *Janet Jacksons Nipplegate - Die Geschichte eines Skandals*, ARTE 2021
21 Ebd.
22 *Frauenkörper – Männerblicke*, Jean-Claude Kaufmann, S. 59
23 Ebd., S. 131

#freethenipple vs. Vielfachkrise

1 *Free The Nipple,* Film von Lina Esco, USA 2014
2 *»Dramatische Mängel bei Datenlage zu Frauenmorden«,* Alice Taylor, Euractiv.de 2023
3 *Oben ohne in Berliner Schwimmbädern: Free the Nipple ist nicht die Befreiung der Frau,* Marlen Hobrack, Der Freitag, 24. März 2023
4 *Frauenkörper – Männerblicke,* Jean-Claude Kaufmann, S. 11–13
5 *Wirtschaft ist Care oder: Die Wiederentdeckung des Selbstverständlichen,* Ina Praetorius, in: Heinrich-Böll-Stiftung, Wirtschaft und Soziales, Band 16, Berlin 2015, S. 32 und 44.
6 *Aufregung über Burkini-Kontrollen am Strand,* Christian Schubert, FAZ, 24. August 2016
7 *Barbusig in Münchens Freibädern planschen? Das sagt der Stadtrat zur Idee der Grünen,* Sascha Karowski, Lukas Schierlinger, in der Münchner Boulevardzeitung tz, 29. Juli 2019
8 *Burkini und Nacktheit im Konflikt,* Gerald Wagner, FAZ, 7. August 2023

Gesetze und Blicke

1 *Wo darf ich überall nackt sein?,* Helene Flachsenberg, Spiegel online, 29. Juli 2018
2 *Die Frau ist »fuckable«,* Eva Häberle, taz, 5. Dezember 2023
3 *Bitch Doktrin,* Laurie Penny, Hamburg 2017, S. 210 und 212
4 *Die Frau ist »fuckable«,* Eva Häberle
5 *Die springenden Punkte,* Adriano Sack, Welt, 15. Juni 2014
6 *Weibliche Nippel auf Instagram bald erlaubt?,* ZAPP-Medienmagazin des NDR auf Instagram, 2. Februar 2023
7 *Instagram und Facebook sollen Nippel-Verbot aufweichen,* Chris Köver, Netzpolitik.org, 19. Januar 2023
8 *Der Wille zum Wissen – Sexualität und Wahrheit 1,* Michel Foucault, Frankfurt am Main 1983, S. 7
9 *Frauenkörper – Männerblicke,* Kaufmann, S. 126
10 Ebd., S. 96
11 Zitiert nach: *Meisterwerke im Detail Band 2,* Rose-Marie und Rainer Hagen, Köln 2003, S. 349
12 Ebd., S. 348
13 *Die Brüste der Marianne,* Felix Stephan, DIE ZEIT, 2. September 2016

14 Manuel Valls und die nackte Brust der Republik, Paul Munzinger, Süddeutsche Zeitung, 31. August 2016

Nackt und gleich

1 *Über den Prozess der Zivilisation – Sozio- und psychogenetische Untersuchungen,* Norbert Elias, Frankfurt am Main 1997, S. 375
2 *Der Mythos vom Zivilisationsprozeß, Bd. 4: Der erotische Leib,* Hans-Peter Dürr, Frankfurt am Main 1999, S. 376
3 *Frauenkörper – Männerblicke,* Jean-Claude Kaufmann, S. 21
4 *On Nakedness, Nudity, and Gender in Egyptian and Mesopotamian Art,* Julia Asher-Greve und Deborah Sweeney, in: *Images and Gender,* Silvia Schroer (Hg.), Fribourg 2006, S. 128
5 »Wäre eine Welt oben ohne eine bessere Welt?«, Djamila Prange de Oliveira, Qiio.de, 18. Mai 2022
6 *Aborigines' fury over topless ban,* BBC, 27. Februar 2004
7 *Eine Geschichte der Brust,* Marilyn Yalom, München/Düsseldorf 1997, S. 9
8 Interview mit Barbara Vinken, in: *Mode – Leichtes Spiel oder striktes System?,* Lena Deutsch, Julia Fritzsche, BR Fernsehen, 8. September 2014
9 *Hamburger Kleiderordnung vom 7. September 1500,* bearbeitet von Susanne Grünewald; zitiert nach: *Brust – Geschichte eines politischen Körperteils,* Anja Zimmermann, Berlin 2023, S. 104
10 *Zum Problem städtischer und territorialer Kleider-, Aufwands- und Luxusgesetzgebung in Deutschland (13. – Mitte 16. Jahrhundert),* Neithard Bulst, in: André Gouron/Albert Rigaudière (Hg.): Renaissance du pouvoir legislatif et genèse de l'Etat, Montpellier 1988, S. 29–57, hier S. 39 und S. 43; zitiert nach: *Brust – Geschichte eines politischen Körperteils,* Anja Zimmermann, S. 215
11 »Samstags und sonntags sind Brüste in Ordnung«, Interview mit Mithu Sanyal, NDR.de 2022
12 *Historian Reveals Janet Jackson's ›Accidental‹ Exposing of Her Breast was the Height of Fashion in the 1600s,* Pressemitteilung der University of Warwick, 5. Mai 2004, abgerufen über web.archive.org
13 *Frauenkörper – Männerblicke,* Jean-Claude Kaufmann, S. 21f.
14 Ebd., S. 22 und 26

15 Theologe Markus Hofer in: *Hüllenlos – Die Geschichte der Nacktheit Teil 2,* Kristina Klasen, Katja Petrovic, ARTE 2023
16 *Hüllenlos,* Kristina Klasen und Katja Petrovic
17 Theologe Markus Hofer in: ebd.
18 *Hüllenlos,* Kristina Klasen und Katja Petrovic
19 *Scham und Beschämung,* Ute Frevert, in: Homepage *History of Emotions* des Max-Planck-Instituts, 2023; Frevert nutzt hier das Wort »Beschämung« wie das englische »shaming«, also als einen Akt der gezielten Demütigung anderer mit dem Mittel der Scham.
20 *Down Girl – Die Logik der Misogynie,* Kate Manne, Berlin 2019, S. 205
21 *Shame on you! Über Scham und Weiblichkeitskonstruktion,* Laura Späth, in der Vortragsreihe: *Gendersalon,* YouTube 2022
22 *Frauenkörper – Männerblicke,* Jean-Claude Kaufmann, S. 39
23 Ebd., S. 28 und 23
24 *Preußische Gesetzsammlung Nr. 46,* ausgegeben am 22. August 1932
25 *Preußens »Zwickelerlaß« für Badebekleidung belustigt die Weimarer Republik,* Beatrix Novy, Deutschlandfunk 2022
26 *Der gefährliche Zwickel,* in: *Salzburger Wacht. Sozialdemokratisches Organ für Salzburg / Salzburger Wacht,* 1932
27 *Kulturkampf um Badekleidung – Zwickel im Schritt,* Katja Iken, Spiegel 2012
28 Ebd.
29 *Hüllenlos,* Kristina Klasen und Katja Petrovic
30 *Notizen über die Insel Föhr und ihr Seebad in topographischer und medicinischer Beziehung,* G. Penike, Itzehoe 1848, zitiert nach: *»Oben ohne« oder das unsichtbare Kostüm,* Walter Kiefl und Marina Marinescu, Taunusstein 2003, S. 41
31 *Hüllenlos,* Kristina Klasen und Katja Petrovic
32 *Ideale Nacktheit – Inszenierungen in der deutschen Nacktkultur 1893–1925,* Maren Möhring, in: *Nacktheit – Ästhetische Inszenierungen im Kulturvergleich,* Kerstin Gernig (Hg.), Köln / Weimar / Wien 2002, S. 95
33 Ebd., S. 98f.
34 Ebd., S. 102f.
35 *»Oben ohne« oder das unsichtbare Kostüm,* Walter Kiefl und Marina Marinescu, S. 43
36 *Kulturkampf um Badekleidung – Zwickel im Schritt,* Katja Iken

37 *Men were once arrested for baring their chests on the beach,* Petula Dvorak, Washington Post, 5. Januar 2019
38 *Men arrested for topless bathing,* Amy Wallace, Irving Wallace, David Wallechinsky, in: *Reading Eagle,* 3. Oktober 1982
39 *Freie Oberkörper für alle – oder für niemanden,* Johanna Tirnthal, Deutschlandfunk Kultur, 14. September 2022

Obenrum frei?

1 *Bikini. Eine Enthüllungsgeschichte,* Beate Berger, Hamburg 2004
2 *»Oben ohne«,* Walter Kiefl und Marina Marinescu, S. 47
3 Ebd., S. 50
4 Der Spiegel, 24. Juni 1964, zitiert nach: *»Oben ohne«,* Walter Kiefl und Marina Marinescu, S. 52
5 Münchner Abendzeitung (AZ), 8. Juli 1964, zitiert ebd., S. 52
6 AZ, 23. Juni 1964, zitiert ebd., S. 52
7 AZ, 18. Juni 1964, zitiert ebd., S. 55
8 Dieses und die weiteren Beispiele für Strafen: *»Oben ohne«,* Walter Kiefl und Marina Marinescu, S. 54 und 58f.
9 Ebd., S. 48
10 Michael Graeter, Abendzeitung, 10. Juli 1964, zitiert ebd., S. 59
11 *»Oben ohne«,* Walter Kiefl und Marina Marinescu, S. 44
12 *FKK in der DDR – Aufstand der Nackten,* Solveig Grothe, Spiegel, 10. Juni 2008
13 *FKK – Im Osten total normal,* MDR-Dossier, abgerufen 2023
14 *»Oben ohne«,* Walter Kiefl und Marina Marinescu, S. 60f.
15 *Untenrum frei,* Margarete Stokowski, Reinbek 2016, S. 132f.
16 Diese und weitere Beispiele aus: *»Oben ohne«,* Walter Kiefl und Marina Marinescu, S. 75–88
17 *»Oben ohne«,* Walter Kiefl und Marina Marinescu, S. 88
18 AZ, 22. Juni 1984, zitiert ebd., S. 92f.
19 Diese und weitere Beispiele aus: *»Oben ohne«,* Walter Kiefl und Marina Marinescu, S. 95–108
20 Ebd., S. 98
21 Zitiert nach: *Der befreite Busen,* Melanie Keim, Neue Zürcher Zeitung, 19. August 2016
22 *»Oben ohne«,* Walter Kiefl und Marina Marinescu, S. 106
23 Ebd., S. 106
24 AZ, 9.6.1983, zitiert ebd., S. 111

25 *Nacktheit – Ein urtypisch deutsches Phänomen*, Dagmar Herzog im Interview mit der *Welt*, 15. September 2009
26 *Eine Geschichte der Brust*, Marilyn Yalom, S. 414
27 tz, 5. August 1986, Neue Revue, 2. März 1990, tz, 13. Juli 1991, zitiert nach: *»Oben ohne«*, Walter Kiefl und Marina Marinescu, S. 118f.
28 *»Oben ohne«*, Walter Kiefl und Marina Marinescu, S. 116
29 Ebd. S. 45
30 *Hüllenlos*, Kristina Klasen und Katja Petrovic
31 Beide Zitate aus: »Oben ohne«, Walter Kiefl und Marina Marinescu, S. 119
32 *Freiheit oder Feminismus – Antifeminismus in den Printmedien*, Rolf Löchel, literaturkritik.de
33 *Die transnationale Anti-Gender-Bewegung in Europa*, Marie Wittenius, Gunda-Werner-Institut 2022

Male gaze & Money

1 Zitiert nach: *Der Busen – Meisterwerk der Evolution*, Florence Williams, München 2013, S. 35
2 *Venus von Willendorf – Großmutter statt Sexsymbol*, Caroline Haidacher, ORF.at, 19. April 2022
3 *Der Busen*, Florence Williams, S. 38
4 Ebd., S. 43f.
5 Ebd., S. 33f.
6 *Eine Geschichte der Brust*, Marilyn Yalom, S. 9
7 *Ist die männliche Milchbildung möglich?*, Andrea Schorsch, n-tv 2009; *Lactation is Not Only For Cisgender Biological Mothers*, biomilq.com 2022
8 *Am Busen der Natur: Erkenntnis und Geschlecht in den Anfängen der Wissenschaft*, Londa Schiebinger, Stuttgart 1995, S. 17
9 *Bonobo-Sex unter Weibchen – gut fürs soziale Miteinander*, MDR Wissen, 13. September 2019
10 *Am Busen der Natur*, Londa Schiebinger, S. 16
11 Ebd., S. 17
12 Ebd., S. 69
13 Ebd., S. 68
14 Ebd., S. 90 und 20
15 Ebd., S. 97
16 Ebd., S. 102
17 Ebd., S. 103

18 Ebd., S. 105
19 Ebd., S. 109
20 Zitiert ebd., S. 108
21 Ebd., S. 20
22 Ebd., S. 111
23 *Venus von Willendorf*, Caroline Haidacher
24 Ebd.
25 *Nacktheit*, Kerstin Gernig, S. 12
26 Ebd., S. 13 und 16
27 Ebd., S. 11
28 *The Nude – A new perspective*, Gill Saunders, London 1998, S. 36, zitiert nach: *Nacktheit*, Kerstin Gernig, S. 16
29 *The Female Nude – Art, obscenity and sexuality*, Lynda Nead, London 1992, S. 2
30 Ebd., S. 6
31 *Brüste – Das Buch*, Paula Lambert und Helmut Ziegler, Berlin 2012, S. 158f.
32 *Eine Geschichte der Brust*, Marilyn Yalom, München 1998, S. 85
33 Ebd., S. 82
34 *Bildbefragungen – 100 Meisterwerke im Detail*, Rose-Marie und Rainer Hagen, Köln 1995, S. 57
35 Ebd., S. 164
36 Ebd., S. 161
37 *Brüste – Das Buch*, Paula Lambert und Helmut Ziegler, S. 148
38 *Bildbefragungen*, Rose-Marie und Rainer Hagen, S. 204
39 Ebd., S. 207
40 Zitiert ebd., S. 207
41 Zitiert nach: *Südsee-Maler Paul Gauguin – Neuer Blick auf Exotik und Missbrauch*, Christian Batzlen, SWR, 3. Juni 2023
42 *Hüllenlos*, Kristina Klasen und Katja Petrovic
43 *Der Horror des Kolonialismus*, Martin Ambara im Gespräch mit Timo Grampes, Deutschlandfunk, 12. April 2019
44 *The Female Nude*, Lynda Nead, S. 47f.
45 *Issues Surrounding the Representation of the Naked Body of a Woman*, in: Feminist Art Views 1991, zitiert nach: *The Female Nude*, Lynda Nead, S. 75
46 *The Nude. A Study in ideal form*, Kenneth Clark, New York 1956, S. 3–6, zitiert nach: *Kenneth Clark on Naked, Nude and Ideal Art*, George P. Landow, victorianweb.org
47 *The Female Nude*, Lynda Nead, S. 14

48 *Nacktheit*, Kerstin Gernig, S. 10
49 Zitiert nach: *The Female Nude*, Lynda Nead, S. 59
50 Ebd., S. 59
51 Zitiert nach: *Pablo Picasso und sein Frauenbild*, Änne Seidel, SWR2, 6. April 2023
52 Ebd.
53 *The Female Nude*, Lynda Nead, S. 48
54 *Brüste – Das Buch*, Paula Lambert und Helmut Ziegler, S. XX
55 Ebd., S 155
56 *The Body Politic: Female Sexuality and Women Artists since 1970*, Lisa Tickner, in: Art History 1987, zitiert nach: *The Female Nude*, Lynda Nead, S. 64f.
57 *The Female Nude*, Lynda Nead, S. 75
58 Yves Klein, Pierre Restany, 1982, zitiert nach: *The Female Nude*, Lynda Nead, S. 73
59 *The Nude – A Study of Ideal Art*, Kenneth Clark, London 56, S. 333 und 320; zitiert nach: *The Female Nude*, Lynda Nead, S. 22
60 *The Female Nude*, Lynda Nead, S. 9 und 1
61 *The Subtle Abyss: Sexuality and Body Image in Contemporary Feminist Art*, Hilary Robinson 1987, S. 124, zitiert in: *The Female Nude*, Lynda Nead, S. 77
62 *The Female Nude*, Lynda Nead, S. 95
63 Ebd., S. 93
64 *Zur Situierung erotischer Bilder in der pompejanischen Wandmalerei*, Stefan Ritter, in: Jahrbuch des Deutschen Archäologischen Instituts, Berlin 2018, S. 266
65 Zitiert nach: *The Female Nude*, Lynda Nead, S. 17 und 107
66 Ebd., S. 94
67 *Sexualität und Wahrheit*, Michel Foucault, 1976–84, zitiert nach: *The Female Nude*, Lynda Nead, S. 98
68 *Figures in Oil*, Wendon Blake, 1980, zitiert nach: *The Female Nude*, Lynda Nead, S. 54
69 *Die feinen Unterschiede – Kritik der gesellschaftlichen Urteilskraft*, Pierre Bourdieu, Frankfurt 1987, S. 27
70 *The Female Nude*, Lynda Nead, S. 106f.
71 Ebd., S. 107
72 *Der Busen*, Florence Williams, S. 89
73 Ebd., S. 73f.
74 Ebd., S. 92

75 *Brüste – Das Buch*, Paula Lambert und Helmut Ziegler, S. 285
76 Ebd., S. 286
77 *When our lips speak together*, Luce Irigaray, 1980, zitiert nach: *The Female Nude*, Lynda Nead, S. 30
78 *The Female Nude*, Lynda Nead, S. 31
79 Ebd., S. 71
80 Ebd., S. 46 und 71
81 Ebd., S. 82

Was tun?

1 *Warum wir immer noch über nackte Brüste diskutieren*, Deutschlandfunk Nova, 12. Juli 2022
2 *Wenn das nächste Mal die Sonne scheint, zieh ich mich einfach aus*, Lisa Maucher, Spiegel online, 6. Juni 2018
3 *Wo fängt Bisexualität an?*, Maria Fedorova und Julia Fritzsche, ARTE, 2. Juli 2023
4 *Der weibliche Körper als Areal der Beschämung*, Laura Wiesböck, Die Presse, 30. Juli 2019
5 *Frauenkörper – Männerblicke*, Jean-Claude Kaufmann, S. 156 und 158
6 *Mehr nackte Haut bedeutet mehr Sichtbarkeit*, Deutschlandfunk, 12. Oktober 2020
7 *Weibliche Nippel auf Instagram: Bald erlaubt?*, ZAPP-Medienmagazin auf Instagram, Februar 2023
8 *Soll denn nun auch alles Erotische entzaubert werden? In was für langweiligen Zeiten leben wir eigentlich?*, Slavoj Žižek, NZZ, 14. März 2019
9 *Studie: Männer, die saugen, haben mehr Sex*, Io Görz, inFranken.de, 16. Februar 2023
10 *Wirtschaft ist Care*, Ina Praetorius, Berlin 2015, S. 73
11 *Hüllenlos*, Kristina Klasen und Katja Petrovic
12 *Warum wir immer noch über nackte Brüste diskutieren*, Deutschlandfunk Nova
13 *Plansche-Prozess – Freie Nippel für alle*, Marie Frank, taz, 20. Dezember 2023

Danke

Ich danke für Einfälle und Widerspruch, Austausch und Diskussion, Gegenlesen und Korrekturen, Kritik und Begeisterung, Zusprache und Inspiration, Witze und Witzevetos meinen Freund*innen Leo Birnbacher, Nabila Abdel Aziz, Frizzi Birnbacher, Anne Bohlmann, Julie Dorstewitz, Vroni Duma, Maria Fedorova, Dietrich Krauss, Paula Lochte, Jasmin Matzakow und Laura Pöhler. Ich danke für ihre sprachliche, ästhetische und politische Klarheit der Lektorin Katharina Picandet und der ganzen Crew von Nautilus. Ich danke den Teilnehmer*innen der Schreibgemeinschaft im Juni 2023 in Viktorsberg, meiner Schreibbuddy Anne-Kathrin Stroppe sowie den Macherinnen und Teilnehmenden von *The Writing Academic* in den Jahren 2023 und 2024. Ich danke unbekannterweise fürs Entmystifizieren des Schreibvorgangs dem Schreibpodcast *sexy und bodenständig*. Ich danke Ingrid Scherübl und Kay Herm für den Stand-Up-Kurs 2023, wo ich mich erstmals ernsthaft und für Publikum damit auseinandersetzte, ob wir für Oben-ohne-Gleichheit lieber Männern Mankinis vorschreiben oder Flüsse durch Freibäder umleiten. Ich danke insbesondere Gabrielle Lebreton für ihren Mut und ihre Sanftmut, vor Gericht und außerhalb, es gehört leider immer noch viel Entschiedenheit dazu, sich mit dem Thema in die Öffentlichkeit zu begeben. Deswegen danke ich generell allen, die sich wie Holo, die Aktivist*innen vom *Slut Walk* oder das Kollektiv *Gleiche Brust für alle* gegen das aktuelle Oben-ohne-Privileg für Männer auflehnen und unsere binäre und hierarchische Kleiderordnung auflehnen und so eine neue kreative Unordnung schaffen.